LA BOITE DE PANDORE

OPÉRA-BOUFFE EN 3 ACTES

PAR

M. THÉODORE BARRIÈRE

MUSIQUE DE

M. HENRI LITOLFF

PRIX NET : DEUX FRANCS

PARIS

L. BATHLOT, Éditeur de musique
37, rue de l'Échiquier.

A. CORCIER, Libraire
9, faubourg du Temple.

BRUXELLES

J. BLANCHE, Éditeur, rue de Loxum, 11.

1871

LA BOITE

DE PANDORE

Représentée pour la première fois, à Paris,
sur le théâtre des Folies-Dramatiques, le 17 Octobre 1871.

PARIS. — EDOUARD BLOT ET FILS AÎNÉ, IMPRIMEURS

7, RUE BLEUE, 7.

LA BOITE
DE PANDORE

OPÉRA-BOUFFE EN 3 ACTES

PAR

M. THÉODORE BARRIÈRE

MUSIQUE DE

M. HENRI LITOLFF

PARIS

L. BATHLOT, Éditeur de musique | A. CORCIER, Libraire
37, rue de l'Échiquier. | 9, faubourg du Temple.

BRUXELLES

J. BLANCHE, Éditeur, rue de Loxum, 11.

—

1871

Tous droits réservés.

PERSONNAGES.

LE DESTIN.	MM. Milher.
JUPITER.	Vauthier.
PROMÉTHÉE.	Luce.
EUSTACHE.	Mlle Eugénie Bade.
L'ESPÉRANCE.	MM. Vavasseur.
VULCAIN.	Specr.
ÉPIMÉTHÉE, frère de Prométhée.	Gatinais.
AZURUN.	Chaudesaigues.
MARS.	Doff.
NEPTUNE.	Blanquin.
APOLLON.	Lauret.
PLUTUS.	Jeault.
MERCURE.	Arthur.
PANDORE.	Mmes Ferdinand Sallard.
MINERVE.	Blanche d'Antigny.
DIANE.	Rose Thé.
VÉNUS.	Latour.
JUNON.	Blanche Beny.
POMONE.	Henriette.
AMÉLIE.	Febvre.
HÉBÉ.	Berthell.

Dieux, Déesses, Titans, Cyclopes.

Quelques erreurs s'étant glissées dans les paroles de la partition, MM. les Artistes voudront bien se conformer au texte de la brochure.

Les deux grands morceaux d'ensemble : LA DIME A LA FEMME (2ᵉ acte) et LE RÉVEIL DE LA NATURE (3ᵉ acte) sont supprimés à la représentation.

Pour la musique, s'adresser à M. Bathlot, éditeur, 37, rue de l'Echiquier, Partition, piano et chant ; danses pour piano et orchestre ; tous les morceaux de chant séparés et pour les parties d'orchestre de l'ouvrage complet.

A M. THÉODORE DE BANVILLE

Mon cher de Banville,

Vous n'avez pas craint d'ouvrir toute grande *la Boîte de Pandore*, et si vous n'avez pas trouvé au fond l'Espérance que vous rêviez, ô poëte ! vous y avez entrevu autre chose du moins que cette insanité moderne qui s'appelle « une opérette. »

Je ne vous fais pas l'injure de vous remercier d'avoir si bien compris et saisi notre idée.

La glorification de la femme !

Mieux que tout autre, vous deviez comprendre cela !

A défaut de remercîments, compliments sincères sur le charmant feuilleton que notre opéra vous a inspiré.

Quand il ne serait sorti que cette page harmonieuse de *la Boîte* en question, je serais ravi de m'être fait tabletier !

THÉODORE BARRIÈRE.

P. S. — Pour en revenir à l'Espérance, un mot pour ma défense !

Cette fille du ciel a si souvent employé ses loisirs à

se moquer de moi, que j'ai voulu me venger d'elle une bonne fois pour toutes en la condamnant jusqu'à nouvel ordre au masque prodigieux et à la voix stupéfiante de Vavasseur!

Avec cet organe et ce physique, si la vierge menteuse nous fait avaler encore ses couleuvres dorées, c'est que nous y mettrons une terrible dose de bonne volonté, et ce sera bien fait pour nous!

2e *P. S.* — A propos, cher ami, autorisez-moi donc, je vous en prie, à vous emprunter quelques passages de votre feuilleton pour mettre en tête de ma brochure.

Ceux qui la liront commenceront par vous lire, et ils comprendront, je l'espère!...

Allons, bon! voilà que *j'espère* encore!... L'habitude, cher ami, l'habitude!... Tous les Vavasseur du monde n'y feront rien!

A vous de cœur,

TH. B.

BOITE DE PANDORE

(Feuilleton du *NATIONAL*. — 23 octobre 1871.)

Il n'y avait qu'un moyen de faire jouer une œuvre de Litolff : c'était de persuader que son opéra est une opérette, de donner aux Folies-Dramatiques ce qui avait droit à la scène de la rue Le Peletier, et d'entasser sur le devant de la scène tout un peuple de dieux de la Courtille, — pour empêcher les cocottes et les petits crevés de voir le divin sourire et le front flamboyant de la Muse !

Ainsi M. Théodore Barrière prenait sur lui tout l'odieux de cette aventure, heureux d'avoir livré au compositeur une donnée admirablement belle et poétique, sur laquelle il a brodé ses accents divins. Mais à présent, grâce aux dieux immortels ! le tour est joué, et à l'abri de ces travestissements, les Athéniens aux cols cassés à coups de hache et les hétaïres coiffés de glaces, à la groseille, ont écouté et applaudi une musique céleste !

Pandore ! le fléau, mais aussi la joie, l'extase et le ravissement de tout ce qui vit sous le regard des cieux.

Elle paraît ! ô rare bonheur d'avoir trouvé une cantatrice, une comédienne si absolument semblable à la création poétique dont elle doit reproduire pour nous la fidèle image ! belle, jeune, imposante sous sa sombre chevelure aux reflets pourprés, et plus semblable en effet à une déesse qu'à une femme !

Sa pâleur est celle du marbre, ses traits calmes et superbes sont tels qu'aurait pu les sculpter le ciseau de Myron ou de Lysippe, et sa voix, riche, étendue, hardie, mélodieuse, caressante, est la voix même de la lyre !

Comme d'un chant si pareil à la musique charmeresse qu'elle interprète, elle prend, subjugue les âmes de ses auditeurs et les attache à ses lèvres avec d'invisibles chaînes d'or !

Voix et musique, joie et extase de Pandore qui vient de naître et qui se réjouit de boire la lumière et de sentir le vent toucher sa chevelure. C'est d'abord un délicat, un tendre murmure qui peu à peu s'empare de tous les bruissements, de tous les souffles, de tous les baisers de la nature enamourée, et qui les emporte unis et transfigurés dans un flot d'intarissable mélodie.

Les arbres frissonnants, les doux gazons, les sombres fontaines, les astres aux regards d'argent, les bêtes fauves attirées comme par la lyre du poète Orphée, les Géants frères des Erinnys et les Olympiens eux-mêmes sont domptés par cet être nouveau et charmant et se prosternent devant ses pieds plus blancs que les étoiles.

Zeus lui-même veut le ravir à la terre et l'emmener avec lui dans sa demeure pavée d'or, et Pandore, trois fois et mille fois femme, cède à l'idée de supplanter Héra aux bras de neige.

Déjà elle pose son pied frémissant sur la première marche de l'escalier de saphir qui mène aux palais célestes.

Mais alors toutes les voix de la nature encore une fois s'unissent, la redemandent, la rappellent, la retiennent sur la terre ivre d'amour, et elle s'échappe des bras furieux du dieu.

Inexprimable et délicieuse symphonie, où l'on entend chanter les rayons et les corolles des fleurs et où le silence même des solitudes ombreuses trouve une voix pour murmurer à l'oreille de Pandore : «Reste avec nous!»

Elle reste en effet; et comment s'en irait-elle quand la branche du rosier la retient par sa robe flottante, et quand les fleurs la baisent au passage avec leurs lèvres de neige et d'écarlate?

Zeus, brutal comme tous les tyrans, ne trouve rien de mieux que d'enfermer Pandore dans une caverne sombre.

Aussitôt la terre, la nature, la prairie luxuriante des premiers âges, tout succombe à une inconsolable tristesse, les flots ne chantent plus, les étoiles cessent de briller, les feuillages des bois accablés d'horreur s'emplissent de silence et de nuit, les dieux ne revêtent plus leurs armures d'azur, et Zeus lui-même est frappé de folie.

Mais l'abominable enchantement ne pouvait durer.

Par la force de son génie et de sa beauté, la Femme a brisé ses liens et a ouvert les portes de sa prison.

Elle reparaît joyeuse, adorée, triomphante et tendant aux hommes et aux dieux un rameau des Hespérides chargé de fruits d'or, car elle veut que tous puissent mordre à ces pommes de joie et de discorde, et tout s'achève dans un hymne de réconciliation et d'amour.

Les pensées du printemps et de la nuit, ce que disent les rythmes silencieux des astres, le cri de triomphe des lys et le cri de douleur des roses, tout cela Litolff le sait et l'exprime dans une langue surhumaine, et son actrice, sa Pandore, le répète après lui avec une justesse idéale.

C'est d'une voix nette et pénétrante comme un timbre d'or qu'elle dit ces couplets délicieux :

Je suis Pan, Pan,
Je suis Pandore!

et qu'elle chante cette *Valse des Hespérides* qui sera dansée par les Parisiennes, sous les lustres d'or, et par les Muses de l'Hélicon, autour de la fontaine Violette.

THÉODORE DE BANVILLE.

LA BOITE

DE PANDORE

ACTE PREMIER

—

LA PREMIÈRE FEMME

Un paysage fantastique, sorte de forêt vierge chaudement éclairée par le soleil couchant. La mer au fond. — Arbres étranges avec des fruits gigantesques. — A gauche, une caverne servant d'entrée aux forges de Vulcain; à gauche, 2e plan, un bosquet formé d'arbustes et de lianes, occupant à peu près un tiers du théâtre: — Dans ce bosquet, une énorme statue eu terre glaise avec une tête grotesquement modelée.

SCÈNE PREMIÈRE

PROMÉTHÉE, ÉPIMÉTHÉE, TITANS. Ils sont tous horriblement laids; ils sont velus comme des bêtes fauves et ils out de grandes oreilles. Ils sont vêtns de caleçons de bains faits de feuillages. Ils sont tous vautrés dans les hautes herbes. Prométhée, seul, est debout dans le bosquet, armé d'un grand ébauchoir et les mains pleines de terre glaise. Il agraudit démesurémeut la bouche de sa statue. Il est velu et il a de grandes oreilles, comme les autres. Barbe à la Schaunard. Veste et pantalon d'artiste. Coiffure à la Beuveuuto.

CHŒUR DES TITANS.

Seuls sur cette terre !
Ne connaissant rien !
Rien !
N'ayant rien à faire
Et ne faisant rien,
Rien !
Ne pensant à rien
Ne convoitant rien
Ne regrettant rien } *bis*
N'aimant rien de rien (*bis*),

Vraiment nous nous amusons bien
Ah oui, nous nous amusons bien.
Quand le jour se lève
Nous nous endormons,
Quand le jour s'achève
Nous recommençons.
(Bâillant.)

Ah! ah! ah!
Ah! que notre existence est douce !
Ah! que c'est donc charmant oui-dà!
Vautrés dans l'herbe et dans la mousse,
De s'amuser autant que ça!

PROMÉTHÉE, à lui-même, tout en travaillant.

Ils s'amusent, eux... s'amusent-ils assez !... On voit bien qu'ils n'ont rien à faire, tandis que moi...

(Les Titans se lèvent. Prométhée dérobe vivement sa statue à leurs yeux en rapprochant les branches et les lianes qui ferment le bosquet.)

ÉPIMÉTHÉE, à demi assoupi. C'est le plus vieux et le plus laid de tous. Il est bossu. Il bégaye.

Prométhée, qu'est-ce donc qui te chagrine? Depuis quelque temps, tu as l'air sombre, préoccupé.

PROMÉTHÉE.

Moi?

ÉPIMÉTHÉE.

Ne nie pas : tu n'as plus notre gaieté (Bâillant.), notre folle insouciance!... Pourquoi?

PROMÉTHÉE, à Épiméthée.

Épiméthée, tu es mon frère, pas vrai ?

ÉPIMÉTHÉE.

Dame! on me l'a dit.

PROMÉTHÉE.

Ce titre t'autorise à connaître tous mes secrets.

ÉPIMÉTHÉE.

Assurément. (Il s'approche ainsi que les autres.)

PROMÉTHÉE.

Eh bien, tu ne sauras rien.

ÉPIMÉTHÉE et LES TITANS, désappointés.

Ah !

ÉPIMÉTHÉE.

Tu te méfies de moi ?

PROMÉTHÉE, lui serrant la main.

Plus que tu ne penses.

ÉPIMÉTHÉE.

Merci !

PROMÉTHÉE.

Maintenant, regarde au soleil quelle heure il est.

ÉPIMÉTHÉE, regardant vers la gauche.

Il est l'heure de prendre notre repas du soir. Qu'allons-nous manger aujourd'hui ?

PROMÉTHÉE.

Tu sais bien que ceci ne nous regarde pas.

ÉPIMÉTHÉE.

C'est juste, puisque c'est la nature qui se charge de nous envoyer elle-même soir et matin nos repas tout préparés.

(On entend coqueter au dehors. Peu après paraît au fond une grosse poule qui agite ses ailes.)

CHOEUR.

Tout là bas, tout là bas, là bas !
Qu'est-ce donc qui trotte ?
C'est une cocotte !
Son chant est pour nous plein d'appas
Il nous annonce le repas.   } *bis*
Cod, cod, cod, codette!   *Ter.*

(Tous les Titans l'entourent.)

Gentille poulette
Nous te faisons fête.

(Les Titans ont caché entièrement la poule qui est arrivée en scène; quand ils se retournent, ils tiennent chacun un œuf énorme.)

Grâce à toi poulette   )
Le festin s'apprête.   } *Bis.*
Cod, cod, cod, cod, cod, codette!   )

(La poule disparaît. Chaque Titan fait un trou dans son œuf et en avale le contenu tout en s'éloignant. La nuit est venue. Prométhée a cassé son œuf; il en tire un couvert, une côtelette, du pain et un petit carafon de vin. Tandis qu'il soupe, musique de scène. Symphonie de la Nuit. Harmonies du Silence. La lune paraît et éclaire le théâtre. Prométhée s'étend sur un tertre à droite et s'endort bientôt. Minerve paraît par la droite avec son casque, sa lance et son bouclier. La lune disparaît.)

SCÈNE II

PROMÉTHÉE, endormi; MINERVE.

MINERVE.

La nature tout entière est endormie... Phœbé elle-même vient de se mettre au lit!... C'est parfait... C'est qu'elle est curieuse, cette Phœbé... et bavarde... une vraie pie!... Dieu merci, je suis maintenant à l'abri de ses indiscrétions!... (Elle s'approche doucement de Prométhée.) Est-il beau!... non, mais est-il beau!... Quelle bouche!... quelles oreilles!... et comme il ronfle avec grâce!... Allons! allons! réveillons-nous, bel endormi! (Elle lui fourre sa lance dans le nez.)

PROMÉTHÉE, sursautant.

Hein!... Quoi?... Voilà! (Il se met sur son séant.)

MINERVE, minaudant.

Bonjour, petit Prométhée.

PROMÉTHÉE, contrarié, à part.

Allons, bon! c'est Minerve! (Haut.) Ah! c'est vous, déesse!... Qu'est-ce que vous m'avez donc fourré dans le nez?

MINERVE, lui faisant des agaceries.

C'est le bout de ma petite lance.

PROMÉTHÉE, avec une grimace.

Ah! c'est le bout de votre petite lance!... Quelle drôle d'idée de venir me réveiller comme ça à une heure aussi indue!

MINERVE.

Mais j'ai cette idée-là toutes les nuits.

PROMÉTHÉE.

Oui, oui, toutes les nuits, je sais bien !

MINERVE.

Tu n'as donc pas dormi de la journée ?

PROMÉTHÉE.

Mais, pardon ! mais, pardon !... j'ai dormi autant que j'ai pu, au contraire... seulement (Montrant le bosquet.), vous comprenez qu'avec le travail que vous me faites faire depuis que j'ai l'avantage de vous connaître, je finis par être rompu... oh ! mais rompu positivement.

MINERVE.

Alors, tu travailles comme un joli garçon que tu es !... Et ça marche-t-il à ton idée ? Es-tu content de ton œuvre ? Prends-tu un certain plaisir à modeler, à pétrir ?

PROMÉTHÉE.

Ma foi non ; je n'en peux plus.

MINERVE.

Montre-moi ton petit ouvrage, mon beau sculpteur.

PROMÉTHÉE, de mauvaise humeur, écartant les lianes du bosquet.

Il est là, mon petit ouvrage, regardez-le !

MINERVE.

Ça prend une très-jolie tournure... Continue, mon ami, continue !

PROMÉTHÉE.

Toute la vie, alors !... Savez-vous que je commence à en avoir assez !

MINERVE.

Déjà !...

PROMÉTHÉE.

Dame ! Une nuit, j'étais bien tranquille, en train de rêver qu'on ne me réveillait pas, quand vous arrivez et me faites lever. Je me lève, je vous demande ce qu'il y a pour votre service.

MINERVE, émue.

Je me souviens.

PROMÉTHÉE.

Vous me balbutiez quelques mots, puis tout d'un coup vous me forcez à aller chercher de la terre glaise au bord de la mer, et vous me commandez de fabriquer avec ce limon un bon-homme à mon image. (Changeant brusquement de ton.) Au fait, je ne sais pas pourquoi je vous raconte tout ça, vous le savez aussi bien que moi.

MINERVE.

Oui, et j'ai toujours du plaisir à l'entendre... je te promis même de venir chaque nuit, à l'insu de tous, donner un léger coup d'œil à cette œuvre d'art.

PROMÉTHÉE.

Chaque nuit, c'est vrai, et vous avez tenu parole.

MINERVE, à part.

Quel ennui d'avoir la sagesse pour spécialité!... Forcée de chercher des détours, d'inventer... une statue pour le voir, lui serrer la main !

PROMÉTHÉE.

Mais me direz-vous enfin à propos de quoi vous me condamnez à ce travail qui m'exténue?

MINERVE, à part.

Que lui dire?... (Haut.) Mon Dieu! c'est bien simple, mon bon ami... j'ai compris que tu devais être jaloux de la gloire de Jupiter, et j'ai voulu te donner le moyen de l'égaler.

PROMÉTHÉE.

La gloire de Jupiter !... C'est le cadet de mes soucis, par exemple !

MINERVE.

Ne dis pas cela, tu caches ton jeu.

PROMÉTHÉE.

Mais pardon ! je ne cache rien du tout ! Et puis de toute fa-çon, est-ce que je pourrai jamais éclipser Jupiter avec ça... (Il montre sa statue.) Car ce n'est pas pour dire, mais c'est joliment laid tout de même !

MINERVE.

C'est fort gentil, au contraire !

PROMÉTHÉE.

Allons donc! Allons donc!.. Et puis, vous dites que c'est fait
à mon image... Eh bien non! Moi, de temps en temps, je lève
la jambe.

MINERVE.

Oh! comme il lève bien la jambe!

PROMÉTHÉE.

J'ouvre la bouche.

MINERVE.

Comme il ouvre bien la bouche!

PROMÉTHÉE.

Je ris comme ça... ah! ah! ah! (Il rit bêtement.)

MINERVE.

Comme il rit avec grâce!

PROMÉTHÉE.

Et puis j'ai une conversation agréable.

MINERVE.

Charmante!

PROMÉTHÉE.

Demandez-lui donc à votre bonhomme, qu'il lève une jambe,
qu'il ouvre la bouche. Depuis que je travaille après, je ne l'ai
pas vu remuer une seule fois.

MINERVE.

Vraiment?

PROMÉTHÉE.

Je lui ai demandé pourquoi il ne remuait point ; il ne m'a
pas seulement répondu.

MINERVE, très-émue.

Si tu voulais, il remuerait.

PROMÉTHÉE.

Ah! il...

MINERVE.

Pour animer cette matière inerte... pour faire s'ouvrir cette
jolie grande bouche, pour faire vivre ces grands bras, il suffit
d'un rien... il faut le feu céleste.

PROMÉTHÉE.

Qu'est-ce que c'est que ça ?

MINERVE.

Comment ! Ce que c'est que ça ?... C'est la flamme que la
nature insinue dans tous les corps qu'elle crée.

PROMÉTHÉE.

Ah bien ! ... si vous vous figurez que je vais escalader les sept
ciels de l'Olympe pour me procurer ça !...

MINERVE.

En ma qualité de déesse, j'en ai toujours sur moi, du feu céleste... et je puis t'en octroyer séance tenante.

PROMÉTHÉE.

Pas possible !

MINERVE.

DUO.

Crois que je suis l'olympe
O mon beau jouvencel
Et grimpe, grimpe, grimpe,
Jusqu'au septième ciel.

PROMÉTHÉE.

Dis-moi, déesse un peu leste,
Pour me sortir d'embarras,
Ou loge le feu céleste ?

MINERVE, baissant les yeux.

Cherche et tu le trouveras.

PROMÉTHÉE.

Allons ! allons !
Cherchons ! cherchons !

(Il regarde de tous côtés et cherche par terre, d'un air niais et embarrassé.)

MINERVE, avec une nuance d'impatience.

Vraiment tu ne sais pas t'y prendre,

PROMÉTHÉE, un peu brusque.

Cela ne doit pas vous surprendre.

ACTE I.

MINERVE.

Mets de côté cette froideur
Et cherche.

PROMÉTHÉE, parlé.

Je ne fais que ça.

MINERVE.

Cherche... avec ton cœur.

PROMÉTHÉE, surpris.

Avec mon cœur ! ça me fait rire !

MINERVE, de plus en plus impatientée.

Me faudra-t-il donc tout lui dire ?

(Elle envoie deux baisers à Prométhée.)

PROMÉTHÉE, au premier baiser.

Oh ! oh ! (Au second baiser.) Oh ! oh ! oh !

ENSEMBLE.

MINERVE.	**PROMÉTHÉE.**
Oui ce n'est que sous un baiser,	Ah ! j'ai compris c'est un baiser,
Mon beau titan, je te l'atteste	Son émotion me l'atteste,
Que s'allume le feu céleste ;	Qui fait naître le feu céleste,
Ce feu qui peut tout embraser.	Ce feu qui peut tout embraser.

PROMÉTHÉE, embrassant le bout des doigts de Minerve, puis la main.

Est-ce ainsi ?

MINERVE, parlé.

Qu'il est bête !

PROMÉTHÉE.

Est-ce ici ?

MINERVE, un peu émue.

Que nenni !
Mon ami !

(Prométhée lui embrasse le bras.)

(A chaque nouveau baiser :)

Ah ! ah ! ah !
Grimpe ! grimpe ! grimpe encor !
Grimpe, mon joli trésor !
Grimpe, grimpe, grimpe !
Plus haut dans l'Olympe ;
Grimpe, grimpe encor.

PROMÉTHÉE.

Je grimpe, je grimpe,
Plus haut dans l'Olympe;
Oui, je grimpe encor!

(Minerve le chatouille avec sa lance.)

PROMÉTHÉE, furieux.

Si tu veux que je recommence,
Minerve plante là ta lance!

MINERVE.

Pas moyen, nous serions perdus.
Car c'est un de mes attributs.

PROMÉTHÉE, pleurant à chaudes larmes.
Ça m'est égal,
Ça m'est égal,
Votre lance me fait du mal!　　*bis.*

MINERVE, parlé.

Est-il gentil quand il pleure.

Eh bien! cher ami, recommence,
Je consens à laisser ma lance,

(Elle la jette loin d'elle.)

PROMÉTHÉE, lui embrassant le bras et montant peu à peu jusqu'à l'épaule.

Est-ce ainsi?
Est-ce ici?

MINERVE.

Que nenni!
Mon chéri!
Ah! ah!
Grimpe, grimpe, grimpe encor!

(Prométhée l'embrasse sur la joue, l'homme en terre glaise s'anime tout à coup.)

PROMÉTHÉE.

A ma statue, ô dieux! que vient-il de pousser?

MINERVE.

C'est l'effet du premier baiser!

PROMOTHÉE.

O Minerve! Grâce à toi!
Le feu céleste est en moi!

(La statue devient homme et se met à sauter sur son piédestal.)

SCÈNE III

MINERVE, PROMÉTHÉE, LE 1er HOMME.

MINERVE, PROMÉTHÉE ET LE 1er HOMME.

ENSEMBLE.

Ici bas, il n'est qu'un baiser,
En ce doux moment tout l'atteste,
Pour produire le feu céleste,
Ce feu qui peut tout embraser.

LE 1er HOMME, descendant de son piédestal. Il est vêtu de blanc. Il a un bourrelet.

Bonjour, papa, bonjour, maman !

PROMÉTHÉE.

Tiens !... ça parle !... qui êtes-vous ?

MINERVE.

Mais c'est l'être que tu as fabriqué et que notre amour a vivifié.

PROMÉTHÉE.

Ce petit animal-là ?

MINERVE.

C'est notre enfant, ton fils.

PROMÉTHÉE.

Mon fils !... mais il est plus grand que moi !

MINERVE.

Il t'appelle papa.

L'HOMME.

Oui, oui, c'est mon petit papa Prométhée, et puis voilà ma petite maman Minerve.

PROMÉTHÉE.

Ne crie donc pas si haut... Ce n'est pas la peine d'apprendre à toute la nature que Minerve et moi... nous...

MINERVE.

Tu as peur que cela n'arrive aux oreilles de Jupin.

PROMÉTHÉE.

Mais certainement. Je le connais Jupin. Il sera furibond contre moi... Et puis enfin je ne veux pas me mettre mal avec lui.

L'HOMME, sautant de plus belle.

Ah que je suis content... d'avoir un gros petit père comme çà !
(Il lui tape sur le ventre.)

PROMÉTHÉE.

Mais oui... mais oui ...est-il ennuyeux, hein ?

MINERVE.

Il est charmant !

PROMÉTHÉE.

Lui !

MINERVE.

C'est tout ton portrait !

PROMÉTHÉE.

Ah ! bien, merci ! Qu'est-ce que nous allons en faire ?

MINERVE.

L'aimer, le choyer !

PROMÉTHÉE.

Je ne sais pas choyer, moi !

MINERVE.

Tu l'apprendras.

PROMÉTHÉE.

J'aimerais mieux le placer quelque part tout de suite !

MINERVE.

Où çà ?

PROMÉTHÉE.

A Pygmalion, près du square des Hespérides, dans un rayon de blanc.

MINERVE.

Non ! il faut le garder près de toi, toujours ! Tu sais, à présent, nous sommes liés pour la vie. Soigne-le bien ! Ah ! à propos comment l'appellerons-nous ?

PROMÉTHÉE, de mauvaise humeur.

Appelons-le... Ustache.

MINERVE.

C'est ça, Eustache, c'est un joli nom !

PROMÉTHÉE

Non... pas Eustache... Ustache, c'est plus euphonique.

MINERVE.

Oui.. Ustache,... maintenant je remonte au-dessus, pour que
l'on ne s'aperçoive pas de mon absence... à bientôt, je te laisse...
Soigne-le bien ; (à l'homme) au revoir Bébé... au revoir, Eustache !

PROMÉTHÉE, lui tendant sa lance.

Déesse... vous oubliez votre attribut !

MINERVE.

C'est vrai ! je perds tout aujourd'hui... O ma sagesse !... ma
sagesse !... Où es-tu, ma pauvre fille, où es-tu ? (Elle sort vivement
par la gauche.)

(Le jour est revenu peu à peu, à partir du duo. Il fait maintenant grand jour.)

SCÈNE IV

PROMÉTHÉE, LE 1ᵉʳ HOMME.

PROMÉTHÉE.

Il n'était que temps qu'elle s'éclipsât ! car voici l'aurore qui
s'éveille (le théâtre s'éclaire).

L'HOMME, regardant.

Oh ! la belle lumière !... oh ! les belles couleurs roses qui cou-
vrent le ciel ! Et puis... quelles jolies fleurs !... quels jolis cail-
loux ! (Il prend à terre un énorme colimaçon.) Quelle jolie petite bête !
papa !

PROMÉTHÉE, regardant Eustache.

Oh ! oui !... quelle jolie petite bête !

L'HOMME, accourant à Prométhée et lui montrant le colimaçon.

Petit papa, veux-tu me dire ce que c'est que cette petite bête-
là ?

PROMÉTHÉE.

Imbécile... c'est un colimaçon.

L'HOMME.

Et ça ?

PROMÉTHÉE.

Ce sont les cornes.

L'HOMME.

Qu'est-ce que c'est que ça des cornes ?

PROMÉTHÉE.

Tu le sauras bien vite, va.

L'HOMME.

Je ne sais pas, moi, j'arrive.

PROMÉTHÉE.

Tu arrives !... tu arrives !... Et d'où viens-tu, en définitive?... Car enfin, tu ne me feras jamais croire que tu es la terre glaise que j'ai pétrie !

L'HOMME.

D'où je viens?... je ne sais pas, mais je suis bien content d'être ici.

PROMÉTHÉE.

Il va me chanter quelque chose, je m'y attendais.

RONDEAU.

Petite flamme divine,
Captive au septième ciel,
Je faisais bien triste mine
Dans ce néant éternel.
Au sein d'un morne silence,
Je me laissais ballotter,
Quand un matin, je commence
Doucement à gigotter.
Lassé de mon esclavage,
Et vers l'inconnu porté,
J'allais, cherchant un passage,
Pour prendre ma liberté...
Je furetais dans l'espace,
Discret et mystérieux,
Quand je découvre une place
Vide au beau milieu des cieux.

Sans tambour et sans trompette,
Tout tremblant d'émotion,
Vite je pique une tête
Par la route en question.
Je tombe sur ta statue,
Je la fais vivre, et voilà
Pourquoi, sitôt ma venue,
Je t'ai dit : Bonjour, papa.

(Il saute au cou de Prométhée.)

PROMÉTHÉE, furieux, cherchant à se délivrer des étreintes du petit bonhomme.

Cher petit !

L'HOMME.

Et je vous aimerai toujours! et je ne vous quitterai jamais, jamais, jamais.

PROMÉTHÉE, très-vexé.

C'est bien gentil... gentil... gentil...

L'HOMME.

Allons, petit papa, laissez-moi vous choyer... Asseyez-vous là, sur ce machin vert... Qu'est-ce que c'est que ce machin vert, petit papa?

PROMÉTHÉE, agacé.

Eh! c'est un tertre.

L'HOMME.

Dame! je ne sais pas, moi...

PROMÉTHÉE, l'interrompant.

Oui! tu arrives... C'est connu.

L'HOMME.

Allons, étendez-vous. (Forçant Prométhée à s'étendre.)

PROMÉTHÉE.

Mais non, je ne suis pas fatigué... Est-ce qu'il me prend pour un balancier?

L'HOMME.

Si, vous êtes fatigué. Étendez-vous.

PROMÉTHÉE.

Ah! mais laissez-moi tranquille, à la fin; vous m'agacez... En somme, je ne vous connais pas, moi !

L'HOMME.

Comment!... vous ne me... Ah! mais, pardon... Je suis né de vous. (Le saisissant dans ses bras.) Allons, viens me promener, papa... Montre-moi les curiosités du monde!

PROMÉTHÉE.

Il faut le promener, à présent!... C'est un parent de province! C'est que je n'aime pas marcher, moi!

L'HOMME.

Vous m'expliquerez tout ce que nous verrons. (Il saute sur le dos de Prométhée.)

PROMÉTHÉE, à part.

Ce sera gai!... Oh! que Pluton patafiole Minerve de m'avoir flanqué ce petit chimpanzé-là sur le dos! (Il disparaît avec l'Homme sur son dos.)

(Entrée du Destin et de ses six secrétaires portant chacun un livre d'airain ; ils se rangent en ligne à droite de la scène. Le Destin porte le manteau bleu étoilé. Coiffure formée de la sphère céleste, avec une visière. Ses sténographes portent tous des lunettes. Manches en lustrine.)

SCÈNE V

LE DESTIN, LES SIX STÉNOGRAPHES.

CHOEUR.

Place au Destin!   *Bis.*
Sur son chemin
Inclinons-nous;
Saluons tous   *Bis.*
Sur le chemin
Du pèr' Destin!

LE DESTIN, au public, tout en prenant une prise dans une grande tabatière.

On a dû deviner à ces chants que je suis le Destin, fils du Chaos et de la Nuit! Il n'est rien que je décide qui ne s'accomplisse immédiatement. (Il prise bruyamment.) Exemple :

COUPLETS.

I

J'ai décidé que l'oiseau volerait

CHŒUR.

Volerait !

(Les sténographes, émerveillés, s'empressent d'écrire le mot sur leurs livres.)

LE DESTIN.

Et que le petit poisson nagerait;

CHŒUR.

Nagerait!

LE DESTIN.

J'ai décidé que l'eau nous mouillerait

CHŒUR.

Mouillerait !

LE DESTIN.

Toutes les fois, mes amis, qu'il pleuvrait;

CHŒUR.

Qu'il pleuvrait!

LE DESTIN.

J'ai décidé que Phébus brillerait

CHŒUR.

Brillerait !

LE DESTIN.

Toutes les fois que cela lui plairait.

CHŒUR.

Lui plairait!

LE DESTIN.

(Parlé.)

Ce n'est pas tout.

(D'un ton solennel.)

J'ai décidé que le sel salerait

CHŒUR.

Salerait!

2.

 LA BOITE DE PANDORE.

LE DESTIN.

Et que le poivre, ô mes fils, poivrerait;

CHŒUR.

Poivrerait !

LE DESTIN, d'un ton modeste.

J'ai décidé tout cela sans effort

CHOEUR.

Sans effort !

LE DESTIN.

Avouez tous que je suis fort.
Excessivement fort !

CHŒUR.

Dieu ! qu'il est fort !

LE DESTIN.

II

J'ai décidé qu'on s'émerveillerait

CHŒUR.

Veillerait !...

LE DESTIN.

A chaque absurdité qui me viendrait;

CHŒUR.

Lui viendrait !

LE DESTIN.

J'ai décidé que je me porterais

CHŒUR.

Porterais !

LE DESTIN.

Toujours très-bien, lorsque très-bien j'irais

CHŒUR.

Bien j'irais !

LE DESTIN.

J'ai décidé, lorsque j'éternuerais

CHŒUR.

Ternuerais !

LE DESTIN.

Que les mortels, pour prouver leurs respects,

CHŒUR.

Leurs respects !

LE DESTIN.

Me diraient tous, jeunes, vieux, beaux ou laids :

CHŒUR.

Beaux ou laids !

LE DESTIN.

Dieu te bénisse ! ou bien : A vos souhaits !

CHŒUR.

Vos souhaits !

LE DESTIN.

J'ai décidé tout cela sans effort.

CHŒUR.

Sans effort !

LE DESTIN.

Avouez tous que je suis fort,
Excessivement fort.

CHŒUR.

Dieux ! qu'il est fort !

LE DESTIN.

Je ne fais jamais un pas sans être suivi de mes douze sténographes... pas un de plus, pas un de moins... Voyons si nous
sommes au complet. (Il les compte tout haut, en commençant par celui qui
est le plus éloigné de l'avant-scène. A l'appel de son numéro, chaque sténographe
passe à gauche, où il se range comme du côté opposé. Le Destin, sans s'apercevoir
de rien, se retourne et continue à compter, et trouve ainsi le nombre douze.)
Allons... ils sont bien au complet... J'ai décidé bien d'autres
choses encore, mes fils, mais je ne daigne pas vous en faire
part.

AZURIN, PREMIER STÉNOGRAPHE.

Qu'il est fort !

LE DESTIN.

Je conviens que je puis me tromper parfois.

AZURIN.

Allons donc!... jamais!

LE DESTIN, se mettant sur le nez un énorme lorgnon.

Car je suis un peu myope, d'aucuns prétendent même que je suis aveugle. Calomnie, pure calomnie!... Je n'y vois pas plus loin que le bout de mon nez. Voilà tout.

AZURIN.

Vous êtes fort, quoi! et quand on est aussi fort que vous...

(Roulement de tonnerre.)

TOUS.

Qu'est-ce que c'est?

LE DESTIN. Il regarde en l'air.

C'est Jupiter qui tonne en dégringolant de l'Olympe!... Il opère sa dégringolade.

(Jupiter entre en scène, furibond, suivi de Vulcain, qui boite.)

SCÈNE VI

Les mêmes, JUPITER, VULCAIN.

JUPITER.

Ah! vous voilà, Destin!... J'étais sûr de vous rencontrer sur terre... après la boulette que l'on vient d'y confectionner!

VULCAIN.

C'est inconvenant! c'est scandaleux!

LE DESTIN.

Pardon! pardon! je suis le Destin, fils du Chaos et de la Nuit, et je...

JUPITER.

Puisque c'est vous qui réglez les destinées du monde... c'est vous qui avez dû décider que Minerve... ma fille, galvauderait sa sagesse avec un Prométhée, et mettrait au jour cette créature nouvelle qu'il n'entrait nullement dans mon programme de laisser éclore... car ça n'entrait pas dans mon programme !

VULCAIN.

Ça n'entrait pas dans le programme à papa !

LE DESTIN.

Mon cher Jupin, oubliez-vous que je planais sur la terre informe bien avant que vous et votre honorable famille... famille de dieux bohémiens sortis on ne sait d'où...

VULCAIN, le repoussant.

Eh bien ! dites donc, vous !

LE DESTIN.

Oubliez-vous le petit traité que nous avons signé ensemble ? (Au premier sténographe.) Azurin, ouvre le Grand Livre !

AZURIN.

Ça y est, maître.

LE DESTIN.

Oh ! c'est écrit, c'est écrit... et ce qui est écrit...

JUPITER.

Je sais... Je me réserve de créer, de détruire, de meubler le monde... vous, vous devez simplement réglementer les destinées.

LE DESTIN.

Eh bien !... je les réglemente... Il m'a plu d'envoyer Minerve, qui était inoccupée au ciel, vers Prométhée, et de me servir d'elle pour réveiller cette terre ronflante.

JUPITER.

Mais, malheureux, n'as-tu donc pas pensé à ce que serait cet homme débarqué de ce matin !...

LE DESTIN, naïvement.

Ce sera une créature comme les autres.

JUPITER, avec fureur.

Eh ! non, vieux fou, ce sera un être intelligent.

LE DESTIN, épouvanté.

Un être intel !... Ah ! sapristi !

JUPITER.

Et dame ! s'il y a un être intelligent sur terre, de quoi aurons-nous l'air, nous autres.

VULCAIN.

Oui, de quoi aurons-nous l'air ?

LE DESTIN, désespéré.

Nous serons flambés !...

JUPITER.

L'homme démontrera aux Titans gâteux, aux satyres stupides, que je ne suis, moi, qu'un joli farceur ; car, en somme, j'ai beau crier bien haut que j'ai tout inventé, les bois, les prés, les moutons, les monts, les veaux et... je n'ai fait qu'arranger tout cela, pas davantage ! Vous même, Destin, il vous démolira.

LE DESTIN.

Me démolir... Sténographes... sténographiez ce que je vais dire... ce sera grand ! (Les sténographes s'apprêtent à écrire.) L'homme, danger pour la divinité... la divinité... Ténèbres !... l'homme, lumière !... les ténèbres craignent la divinité et la lumière...

JUPITER.

S'éteint... bonsoir.

VULCAIN, au Destin.

Eh bien, mon cher Alphonse, à votre place, j'effacerais ce que vous avez écrit tout à l'heure.

JUPITER.

Et je décréterais que l'homme rentrera dans le néant !

LE DESTIN.

Jamais !... car ce qui est fait... (Aux sténographes.) Ne perdez pas un seul mot... (reprenant) Ce qui est fait est parfait... Ce qui est parfait ne peut être défait, et ce qui est défait est à refaire.

AZURIN.

Qu'il est fort !

JUPITER.

Comprends pas.

LE DESTIN.

Moi non plus! Ecrivez-le... (Après un temps.) Il faut tout bêtement opposer à cette créature intelligente quelque chose de
plus intelligent qu'elle.

TOUS.

Quoi donc?

LE DESTIN.

Attendez que je réfléchisse. (Il se prend la tête dans les mains, après
avoir pris une prise.)

AZURIN.

Chut!

JUPITER, est allé s'asseoir sur le tertre.

Alphonse réfléchit.

TOUS.

Il ré-flé-chit!...

AZURIN.

Il réfléchit!... écoutons.

LE DESTIN, se frappant le front, les genoux, et prenant une pose athlétique.

Euréka... Il faut créer la femme.

JUPITER, même jeu.

La femme!... Qu'est-ce que c'est que cet animal-là?

LE DESTIN, au premier sténographe.

Ouvrez le Grand Livre, feuillet des monstres! (Le 1er sténographe
ouvre le livre qu'il porte. Le Destin trace quelques mots sur une page blanche, puis
il lit.) La femme... monstre plus hideux encore que tous les
monstres déjà créés... que l'hydre de Lerne... que le dragon
des Hespérides... que le Minotaure!

JUPITER.

Comment ça se fabrique-t-il, ce monstre-là?

VULCAIN.

Oui, comment?

LE DESTIN.

Attendez!... Azurin, ouvrez! Feuillet des recettes!... (Lisant.)
Recette pour fabriquer une femme... Faire un choix des meilleurs vices.

JUPITER.

Des vices... où en trouver ?...

LE DESTIN.

Dans votre famille !

VULCAIN, s'avançant vers lui.

Vieil insolent !

JUPITER, le retenant. Bas.

Il a raison... entre nous... nous sommes une jolie bande. (Haut.) C'est entendu... Je vais fabriquer ce nouveau monstre ! (A Vulcain.) Rentre dans tes forges, Vulcain, et trouve-moi, séance tenante, une bonne petite boîte qui ferme bien.

VULCAIN.

J'en ai justement une grande qui ne ferme pas, je vais vous chercher ça. (Il sort par la gauche.)

JUPITER.

Maintenant, appelons le comité céleste... (Il sonne dans une conque marine.)

SCÈNE VII

Les Mêmes, APOLLON, VÉNUS, JUNON, PLUTUS, DIANE, MARS, MERCURE, NEPTUNE, LA NUIT, Dieux et Déesses, puis MINERVE.

CHŒUR.

Grand Jupin, quand tu nous presses,
Nous nous rendons à tes vœux.

Nous, nous sommes
Vous, vous êtes les déesses,

Et vous, vous êtes
Et nous, nous sommes les dieux. *Bis.*

Nous, nous sommes
Ces dames sont les déesses,

Et ces messieurs sont
Et nous, nous sommes les dieux. *Bis.*

JUNON, arrivant sur un nuage roulant.

Qu'y a-t-il, mon tendre époux, vous nous demandez ?

JUPITER.

Mais certainement, je vous demande... Et je trouve même, ma chère Junon, que vous ne vous pressez guère.

JUNON.

Ah! ce n'est pas de ma faute... j'ai eu toutes les peines du monde à trouver un nuage, il n'y en avait plus sur la place.

JUPITER.

Sommes-nous au complet?

LE DESTIN.

Ah! dame!... il y a quelques demandes de congés.

JUPITER.

On en demande bien souvent des congés... Il faudra une bonne petite loi... (A Apollon, qui tire de sa flûte des sons discordants.) Apollon, laisse un peu ta flûte, mon garçon, et arrive. (Tous s'approchent. A Minerve, d'un ton sévère.) Approche, Minerve, tu en es aussi.

MINERVE, qui était occupée à coudre des petites brassières.

Me voilà, pépère.

JUPITER.

Qu'est-ce que tu fais donc là?

MINERVE, troublée.

Des brassières... pour la crèche des petits dieux pauvres.

JUPITER, bas.

Dis donc que c'est pour... (Haut.) Au fait, ce n'est pas la peine de te parler en cachette, puisque les dieux savent tout!...

LES DIEUX, se rapprochant.

Oui! oui! nous savons tout...

JUPITER, reprenant avec fureur.

Pour le monstre que tu as fabriqué avec Prométhée. (Il arrache la brassière.)

MINERVE.

Vous savez?

JUPITER.

Tout.

MINERVE.

Eh bien! alors je n'ai plus rien à vous cacher.

JUPITER.

Toi... toi... Minerve! avoir aidé un Titan à créer une espèce qui finira par nous exproprier.

JUNON.

Ça... ça n'est pas gentil, Minerve.

APOLLON.

C'est presque indélicat!

TOUS.

Oui! oui!

JUPITER.

N'est-ce pas? Or, si je vous ai tous appelés, c'est pour m'aider à créer quelque chose qui contre-balance le pouvoir de l'homme et finisse par le supprimer totalement.

TOUS.

Ça va, créons!

JUPITER.

Voici Vulcain!... Il apporte l'ustensile dans lequel nous allons faire notre petite popote.

SCÈNE VIII

Les mêmes, VULCAIN; deux Cyclopes, puis d'autres Cyclopes.

VULCAIN paraît, précédant deux Cyclopes portant une grande boîte en fer.

Voilà tout ce que j'ai trouvé. (D'autres Cyclopes apportent des brandons allumés et forment une sorte de brasier au milieu du théâtre. Ils s'arment ensuite d'énormes soufflets et avivent le feu. Vulcain indique le brasier aux Cyclopes qui portent la boîte.) Placez-ça là. (On place la boîte sur le brasier.)

JUPITER, aux dieux.

Vous allez jeter chacun dans cette boîte un de vos attributs, lequel attribut donnera naturellement à l'être que je vais confectionner séance tenante, votre vice favori.

MINERVE.

Je ne sais pourquoi... mais je tremble. (Au Destin.) Alphonse...
qu'êtes-vous en train de mijoter?

LE DESTIN.

Ne tente pas de me pénétrer... déesse, car je suis impéné-
trable.

PREMIER STÉNOGRAPHE.

Oui, nous sommes impénétrables.

JUPITER.

Voyons, commençons, mes enfants; commençons, et tâchons
d'être sérieux.

(Grand mouvement. Tout le monde se place.)

Jetez vos petits attributs... Les dames d'abord!... Honneur au
sexe!

COUPLETS.

I

JUNON.

Moi, dans la boîte je jette
Mon paon, dangereuse bête.
A l'être qui naîtra
Ce cadeau donnera

TOUS.

Donnera?

JUNON.

L'orgueil et la vantardise,
La vanité.

DIANE, bas à Vénus.

La bêtise.

(Junon jette son paon dans la boîte.)

TOUS.

S'il a ces qualités-là,
Quel monstre cela sera.

II

DIANE.

Moi, dans la boîte je jette
Ce croissant de forme discrète...

A l'être qui naîtra
Ce cadeau donnera

TOUS.

Donnera?

DIANE.

Le goût des amours scabreuses,
Des intrigues ténébreuses !
(Elle jette son croissant.)

TOUS.

S'il a ces qualités-là
Quel monstre cela fera.

JUPITER.

Allez, allez ! ne craignez rien !
Jetez encor... cela va bien.
Cela va bien,
Cela va bien.
Oui, déjà cela prend tournure
Vos vices font bonne figure !
Ne craignez rien,
Ne craignez rien !
Et vous, Cyclopes, soufflez bien,

TOUS.

Ne craignez rien,
Etc.

III

PLUTUS, accent tudesque.

(Il tire une pièce d'or de sa bourse.

Moi, dans la boîte je jette
Cette pièce rondelette.
A l'être qui naîtra
Ce cadeau donnera

TOUS.

Donnera

PLUTUS.

La cupidité féroce,
De l'avarice la bosse.

(Au moment de jeter la pièce d'or dans la boîte, il la remet dans la bourse, prend
une pièce de deux sous et la jette.)

TOUS.

Avec ces qualités-là
Quel monstre cela fera.

JUPITER.

Allez, allez, ne craignez rien,
Jetez encor ! cela va bien !
Etc.

IV

MARS.

Moi, dans la boîte je jette
Mon grand sabre et ma trompette.
A l'être
Qui va naître
Tout cela
Donnera...

CHOEUR.

Donnera...

MARS.

L'instinct des fortes querelles
Et des giffles éternelles !

V

VÉNUS.

Moi, dans la boîte je jette
Ma ceinture et mon aigrette.
A l'être qui naîtra,
Ce cadeau donnera

TOUS.

Donnera !

VÉNUS.

L'ardente coquetterie,
La folle cocotterie !

TOUS.

S'il a ces qualités-là,
Quel monstre cela fera !

APOLLON.

Moi, dans la boîte je jette
Cette flûte mignonnette !...

A l'être qui naîtra,
Ce cadeau donnera
La fureur de la musique
Et la rage poétique.

CHOEUR.

S'il a ces qualités-là,
Quel monstre cela fera!

(Apollon, en pleurant grotesquement, embrasse sa flûte et la jette dans la boîte. A partir de ce moment, les autres dieux et déesses viennent jeter leurs attributs pêle-mêle.)

MINERVE, parlant sur la musique.

Ce monstre dévorera mon premier-né, c'est sûr! Donnons-lui une vertu qui annule tous ses vices.

(S'avançant.)

Moi, dans la boîte je jette
Ma sagesse...

(Elle est interrompue par des rires.)

JUPITER.

Ta sagesse, ma pauvre fille!

TOUS.

Ta sagesse!

MINERVE.

Sapristi! c'est vrai!... Je croyais encore que... Mettons que je n'ai rien dit.

REPRISE.

JUPITER.

Allez, allez, ne craignez rien!
Jetez encor; cela va bien!
Oui, déjà cela prend tournure.
Vos vices font bonne figure.
Ne craignez rien,
Ne craignez rien!
Et vous, Cyclopes, soufflez bien!

TOUS.

Ne craignez rien,
Ne craignez rien!
Et vous, Cyclopes, soufflez bien!

JUPITER.

Et maintenant, Vulcain, soulève le couvercle,
Et vous, messieurs les dieux, rangez-vous tous en cercle.

(Tous se rangent. Nuit complète.)

CHOEUR.

Il va l'ouvrir.   *Bis.*
Quel monstre affreux va-t-il sortir?

Coup de tam-tam. Vulcain lève le couvercle. Pandore sort lentement de la boite. Le
jour reparaît aussitôt. Pandore est étincelante. Grande tunique, manteau d'azur.

SCÈNE IX

Les mêmes, PANDORE.

CHOEUR.

Qu'elle est belle !
Qu'elle est belle !
La créature nouvelle !
Elle est belle !
Oui, bien belle !
D'où vient-elle ?
D'où vient-elle ?

PANDORE, parlé.

D'où je viens ?

AIR.

En vérité, je l'ignore ;
Ce que j'étais, je ne le sais pas bien ;
Ce que je suis, je n'en sais rien encore.
Je ne sais rien ! je ne sais rien !

(S'animant peu à peu.)

Mes yeux s'ouvrent pourtant à la lumière ;
Je tends mes mains au ciel, vers le soleil ;
Tout me sourit, et la nature entière
Semble chanter et fêter mon éveil.

Pour moi, la brise ose ravir aux roses
Les doux parfums et les pures senteurs ;
Sous les baisers des fleurs, fraîches écloses,
Naissent en moi d'adorables ardeurs.

(Allant à Jupiter, qui la regarde émerveillé.)

Ah! Jupiter, je te bénis!
Je sais enfin ce que je suis!

(Allant à chaque dieu et chaque déesse.)

Je sais que dieux et déesses
M'ont accordé tous leurs dons,
Leurs vices et leurs faiblesses,
Et toutes leurs passions!
Je sais que dame Nature
Voulut, à l'être nouveau,
Octroyer, pour sa parure,
Ce qu'elle avait de plus beau!
Que ma lèvre est colorée
Avec le corail vermeil,

(Allant vers Apollon.)

Ma chevelure dorée
Par les rayons du soleil!

(Allant à Neptune.)

Bel océan qui déferles,
Je sais encor que mes dents
Ne sont autres que les perles
Que roulent les flots mouvants!

(Prenant la Nuit par la main.)

Je sais qu'entr'ouvrant ses voiles,
La Nuit me donna les feux
De deux mignonnes étoiles,
Pour regards à mes grands yeux!

(Après un temps)

Et maintenant, sur cette terre,
Que vais-je faire?

TOUS.

Qu'est-ce qu'elle va faire?

PANDORE, partant d'un grand éclat de rire.

Ah! ah! ah!

LE DESTIN, parlé.

Tiens, elle sait déjà rire!

PANDORE, parlé.

Ce que je ferai... Bah! vous le verrez bien!

(Reprenant avec mutinerie.)

Je suis Pan, Pan,
Je suis Pandore !
Je suis Pandore,
Que déjà
Chacun adore,
Dore, dore, dore,
Et que le monde adorera !

REPRISE EN CHOEUR.

Elle est Pan ! Pan ! etc.

(Tous dansent sur le refrain.)

LE DESTIN.

Je ne pensais pas que le monstre serait si séduisant !

AZURIN.

Le fait est que c'est une riche nature.

SCÈNE X

Les mêmes, PROMÉTHÉE, LE PREMIER HOMME,
puis ÉPIMÉTHÉE.

PROMÉTHÉE entrant ; il a toujours Eustache sur les épaules. A Minerve.

Vous savez qu'il est insupportable, le petit !

JUPITER.

Prométhée !... Tu as créé l'homme, n'est-ce pas ?

PROMÉTHÉE.

Ce n'est pas ma faute, je vous assure.

JUPITER.

Je ne te le reproche pas ; mais moi aussi j'ai créé quelque
chose. (Désignant Pandore.) Regarde !

PROMÉTHÉE.

Qu'elle est belle !... (A Minerve, qui est jalouse et qui le pince.) Vous
aussi, déesse ?

LE PREMIER HOMME.

Oh ! oui, bien belle !... Papa, je veux l'épouser, moi, na !

LE DESTIN.

C'est justement ce que nous voulons aussi !

VULCAIN.

Bonne idée !... Le mariage, il n'y a encore que ça pour vous abrutir.

VÉNUS, furieuse.

Eh bien ! vous êtes gentil, vous ! Je vous repincerai !

(Elle le pince et prend le bras de Mars, qui a passé son temps à coqueter autour
d'elle.)

MINERVE.

Marier mon Eustache avec elle, ce serait la perdre !... Alphonse, vous seul pouvez sauver mon fils... Prométhée, jette-toi donc avec moi aux pieds du Destin, qu'il sauve notre enfant !

(Elle tombe aux pieds du Destin et fait tomber Épiméthée avec elle.)

PROMÉTHÉE.

Alphonse, faites quelque chose pour le petit.

LE DESTIN, très-solennel.

Eh bien ! oui, je vais arranger ça !

(Musique jusqu'à la fin.)

JUPITER.

Qu'est-ce que vous allez encore faire ?

LE DESTIN.

Je vais créer quelque chose de doux, d'adorable, qui console et soutienne l'homme dans la douleur.

(Il ramasse derrière le tertre une botte de poireaux, de l'oseille, du persil, etc., et jette
le tout dans la boîte. Azurin, qui a reparu, lui donne une écumoire. Il la laisse échapper.)

LE DESTIN.

Bon !... j'ai laissé tomber l'écumoire !... Ma petite création sera grêlée !...

(L'Espérance, tout en vert, avec une lyre verte, sort de la boîte.)

TOUS.

Qu'est-ce que c'est que ça ?

LE DESTIN.

Dis qui tu es à l'aimable société, bébelle !

L'ESPÉRANCE.

Oui, bon père... Attendez que j'accorde ma lyre!... Ça y
est!...

(Déclamant d'une voix enrouée.)
Je suis l'Espérance!
Eustache, je viens te sauver,
Te soutenir dans ta souffrance,
Et l'on m'appelle l'Espérance,
Parce que... je fais espérer!

EUSTACHE, parlé.

Puisque tu fais espérer, dis-moi que je serai le mari de Pandore!

L'ESPÉRANCE.

Je veux bien!

JUPITER, qui n'a pas quitté Pandore des yeux, séparant l'homme et la femme avec
jalousie.)

Jamais; je ne veux pas qu'elle épouse ce blondin-là, il est trop
gentil! Épiméthée, tu seras son époux.

ÉPIMÉTHÉE, se récriant en bégayant.

Ah! mais non.

JUPITER.

Ah! mais si!

(Épiméthée pousse des gémissements.)
(Il chante.)
J'ai mon idée, et veux pour elle
Un époux vieux et mal bâti;
De cette façon, la donzelle
Exécrera son cher mari.
De là, tapage
Dans le ménage!
Chaque jour on s'injuriera,
Et chaque nuit on se battra!
C'est justement ce qui m'engage
A lui donner ce monstre-là!

REPRISE EN CHOEUR.

Ah! quel tapage
Dans le ménage! etc.

(Mouvement général autour de la boîte, dans laquelle on refourre l'Espérance.)

FIN DU PREMIER ACTE.

ACTE DEUXIÈME

LES MÉTAMORPHOSES DE JUPITER

Le palais de Pandore. — Grande treille dorée toute surchargée de grappes gigan
tesques. — A gauche, au milieu des fleurs et des fruits, un trône avec trois
marches ; à droite, au 2e plan, la boîte de Pandore. Le fond, entièrement ouvert,
laisse apercevoir à droite et à gauche un pavillon élégant avec porte et balcon pra-
ticables. Chaque pavillon est surmonté d'un cadran de forme fantaisiste. — Au
lointain, une rivière dont les bords sont couverts de roseaux et de fleurs. Plus
loin, sur une colline, des moulins. — Décoration très-chaude et très-ensoleillée.

SCÈNE PREMIÈRE

LES TITANS du 1er acte, NYMPHES, puis LE DESTIN et AZURIN.

Au lever du rideau, tableau très-animé. Tous les Titans du premier acte, lesquels ont
complétement quitté leurs allures de bêtes fauves et sont maintenant vêtus de
riches costumes moitié antiques et moitié modernes, sont diversement groupés à
droite et à gauche. Les uns sont attablés et boivent, d'autres jouent aux dés sur
les marches du trône et sur la boîte de Pandore. — Au fond, des couples vont et
viennent, et du haut du balcon des nymphes envoient des baisers à leurs amoureux.

CHŒUR.

Fêtons Pandore et les plaisirs
Que la terre
Vénère !...
Fêtons l'amour et ses désirs,
L'ivresse
Et la jeunesse !...

Sablons, sablons les meilleurs vins !
Buvons à coupes pleines !
Que les bois et les plaines
Répètent nos refrains !
Jouons !... aimons !...
Chantons !... buvons !...
Jouons !... aimons !...
Buvons !... chantons !...

(Sur la fin du chœur, le Destin a paru au fond suivi d'Azurin, son premier sténographe. Celui-ci porte toujours le grand livre des destinées.)

Le Destin est beaucoup plus myope qu'au 1er acte, et son lorgnon est deux fois plus grand.

LE DESTIN, s'avançant furieux au milieu des joueurs et des buveurs.

Mais ne faites donc pas tant de vacarme, sapristi !... Buvez moins haut, messieurs les Titans... Aimez plus bas, mesdemoiselles les Nymphes !... Et ne réveillez pas ma fille, la tendre Espérance, qui dort là, au fond de... (Apercevant deux Titans qui jouent aux dés sur la boîte et les faisant déguerpir.) Voulez-vous ne pas jouer là-dessus, vous autres... Vous savez bien que cette boîte sert de niche à mon enfant adorée... (Rire bruyant.) Je vous enjoins de déguerpir... Je suis fils du Chaos et de... Obéissez ! (Tous s'éloignent en riant de plus belle et en reprenant la fin du chœur à pleine voix.)

REPRISE DU CŒUR.

Jouons ! aimons !
Buvons ! chantons !

(Sortie générale. Le Destin reste seul avec Azurin.)

SCÈNE II

LE DESTIN, AZURIN. Le Destin place sur la table de gauche un pot de miel et une bouteille qu'il tenait en entrant.

LE DESTIN, avec colère, répétant les derniers mots du chœur.

Buvons ! aimons !... jouons !... Et voilà ce qu'on entend sur terre du matin au soir, depuis que j'ai eu la déplorable idée de faire fabriquer Pandore par Jupiter !... En font-ils une vie de possédés !... Décidément ça ne peut pas durer comme ça !...

Azurin !... (Azurin qui écoute le chœur ne répond pas. Criant.) Azurin, sténographie donc mes paroles ; je te paye pour sténographier, drôle, sténographie. (Au public.) Autrefois je le faisais travailler gratis, et aujourd'hui il lui faut vingt francs par mois.

AZURIN.

C'est pas de trop !

LE DESTIN.

Tous avides ! cupides, ambitieux, à présent. (S'adressant à la boîte.) Oh ! maudite boîte ! Tous les maux sont sortis de là-dedans ! Il n'y a pas à dire, il faut que ça change ! (Il prend son front dans ses mains et marche à grands pas. — S'arrêtant tout d'un coup et d'un ton solennel.) Écris ! Le monde...

AZURIN, l'interrompant.

A quoi ça servira-t-il... puisqu'à présent, dès que vous décidez quelque chose, c'est le contraire qui arrive !

LE DESTIN, quittant son ton solennel et se mettant à rire.

C'est vrai. Il suffit que je rende un décret pour qu'on s'empresse de ne pas y faire attention.

AZURIN.

Le fait est que vos décrets ou rien...

LE DESTIN, au public.

Ainsi, tenez !... j'avais décidé que j'aurais toujours douze sténographes avec moi... vous les avez vus, je les ai comptés devant vous !... Eh bien ! je n'en ai plus qu'un qui daigne me suivre... Les autres !... Psitt !... mais c'est comme si j'avais les douze, parce que c'est écrit, et ce qui est écrit !... Il n'y a pas... il faut que... A moins pourtant qu'on ne l'efface !... Dame ! je ne peux pas répondre du coup de grattoir !... (Cris, rires au dehors.) Quel charivari !... Ils tiennent absolument à réveiller ma fille ! Azurin, écris (Il dicte) : Je veux que ce tintamarre cesse à l'instant !

AZURIN, se démenant malgré lui.

C'est écrit, patron !...

LE DESTIN, qui commence à s'agiter aussi.

Et le tumulte augmente !... ça va sans dire !... Oh ! mais, je n'en aurai pas le démenti ! Écris, Azurin, écris encore !

AZURIN, se mettant à danser plus fort.

Je ne fais que ça, patron.... Je ne fais que ça !

LE DESTIN, dictant, tout en se mettant à danser.

Le monde à partir de ce jour... (L'air de Pandore reprend en sourdine à l'orchestre. Azurin s'agite, gambade, et danse. Le Destin gambade aussi malgré lui.) Azurin! veux-tu te tenir tranquille!... Écris, écris donc! Nous, Alphonse, dit Destin... (Azurin disparaît par la gauche en dansant.)

SCÈNE III

LE DESTIN, puis L'ESPÉRANCE.

LE DESTIN, sautillant de plus belle.

Bon! le voilà envolé!... c'était mon dernier!... Tout l'univers la dansera... et moi aussi!... (Il danse malgré lui un cancan effréné. — Tout en dansant.) Ah! une idée!... Je décide que je vais polker sans m'arrêter pendant une heure entière. (Il demeure tout à coup immobile.) Ça y est!... (La musique a cessé.) Le contraire s'est accompli!... ma dignité est sauvée!... maintenant, soyons tout à l'Espérance... (Allant à la boîte.) Soulevons son petit rideau. (Il lève le couvercle.) Ses paupières sont encore closes!... Quelle belle chose que le sommeil de l'innocence! (La contemplant). Elle n'est pas jolie... jolie... mais elle a un petit air bien distingué!... tout mon portrait!... Assez dormir, ma belle... (Il frappe à la boîte.)

L'ESPÉRANCE, encore invisible.

Qui est là?...

LE DESTIN, penché sur la boîte.

C'est moi, mon canard!... Habille-toi, mets ta lyre!...

L'ESPÉRANCE, sortant de la boîte en se frottant les yeux.

Tiens! c'est papa!... (Elle sautille.)

LE DESTIN.

Sans doute, ma bichette! est-ce que je ne viens pas te voir tous les jeudis!... Donne-moi ton front! (Il l'embrasse.)

L'ESPÉRANCE.

Et qu'est-ce que vous apportez aujourd'hui à votre petite fille, mon bon père?

LE DESTIN.

Un pot de miel de l'Hymète et un demi-setier de mélé-nectar !

L'ESPÉRANCE.

Etes-vous gentil ! (Elle l'embrasse sur les deux joues.)

LE DESTIN.

Eh bien, ma chérie, comment va-t-on ici ?...

L'ESPÉRANCE, prenant un ton lugubre.

Mais ça va assez mal !... je vous remercie !

LE DESTIN.

Et l'homme ?... et Eustache ?...

L'ESPÉRANCE, mettant la main sur son cœur.

Eustache ?

LE DESTIN.

Eh bien ! qu'est-ce qui te prend ?...

L'ESPÉRANCE, avec une émotion grotesque.

Oh ! tais-toi, mon cœur !

LE DESTIN.

Tu trembles comme la feuille agitée par l'aquilon !.. Qu'as-tu ?

L'ESPÉRANCE, ton de mélodrame.

Ah ! mon père, ne m'interrogez pas !...

LE DESTIN.

Pauvre enfant ! Tu l'aimes toujours ?

L'ESPÉRANCE.

Hélas !

LE DESTIN.

Et lui ?

L'ESPÉRANCE.

Lui !... Il aime Pandore !...

LE DESTIN.

Comme tout le monde !

L'ESPÉRANCE.

Quant à moi, il ne peut pas me voir en peinture !... Il me ta-
rabuste... il me rembarre... J'ai beau essayer de lui prouver

qu'il est malheureux comme les pierres, il prétend qu'il est heureux comme un coq-en-pâte... Et chaque fois que je fredonne
à ses oreilles mes chants harmonieux, il me renvoie à ma boîte!
(Elle tombe en sanglotant dans les bras de son père.)

LE DESTIN, sanglotant aussi.

Pauvre enfant! pauvre fleur!... Inventez donc l'Espérance pour
consoler l'homme!... c'est l'Espérance, au contraire, qui gémit
et se désespère du matin au soir! Pauvre enfant! pauvre fleur!
(Prométhée paraît au fond. Il est enveloppé dans un grand manteau jaunâtre. Sa barbe
a grandi démesurément. Il porte un abat-jour vert et un faux nez, et tient un vautour
par le dos comme une valise.)

L'ESPÉRANCE, dans les bras de son père.

Ah! maudit amour qui me ronge le cœur!

PROMÉTHÉE, s'avançant.

Un amour qui vous ronge le cœur!... Qu'est-ce que cela,
jeune fille, auprès d'un vautour qui vous ronge le foie!

SCÈNE IV

LES MÊMES, PROMÉTHÉE.

LE DESTIN, après avoir longtemps regardé.

Tiens, un aveugle!

L'ESPÉRANCE.

Mais non! C'est un empailleur!

LE DESTIN, allant vers Prométhée.

Il n'y a personne à empailler ici, mon brave homme!

PROMÉTHÉE.

Je ne suis pas un empailleur... Je ne suis pas un aveugle!...
Je suis une victime de la colère céleste!... (Il ôte son faux-nez, et lève
son abat-jour.)

LE DESTIN.

Prométhée,

L'ESPÉRANCE, très-émue.

Le père d'Eustache!... Asseyez-vous donc! (Elle prend un siége à gauche, le porte à droite et reprend sa place à gauche.)

LE DESTIN.

Asseyez-vous donc! (Il prend un siége à droite et le porte à gauche, et reprend sa place à droite, puis il s'assied sur le siége apporté par l'Espérance en même temps que l'Espérance s'assied sur le siége apporté par le Destin.)

LE DESTIN ET L'ESPÉRANCE, sans remarquer que Prométhée est toujours debout.

Là!

PROMÉTHÉE.

Merci! Ça fait plaisir de se reposer un peu! vous ne pouvez pas vous figurer comme ça fatigue de se faire grignoter le foie par un vautour pendant un an et demi!...

LE DESTIN.

Le fait est que ça a dû bien vous contrarier!

PROMÉTHÉE.

Jugez-en! (Donnant son vautour au Destin.) Tenez-moi ma bête! Ça me gênerait pour faire mon récit! (Le Destin met le vautour sur ses genoux et le caresse. L'Espérance accorde sa lyre.)

RONDEAU.

Jupin,
Me trouvant trop malin,
Voulut, un beau matin,
Me soustraire
A la terre!...
Et cela,
Grâce à cet enfant
Dont je fus le papa...
Je ne sais pas comment!...
Près du square des Hespérides,
Que garde un dragon trop connu,
Sur un rocher des plus arides,
On m'enchaîna, le... corps tout nu!...
Quel déboire!...
Quelle histoire!...
J'avais, voyez mon guignon,
Quelle ranse,
Quand j'y pense!...

Un vautour pour compagnon !...
Et ce déplorable animal,
 Plus méchant qu'un chacal
Et bien plus bête qu'une oie,
Le jour me dévorait le foie
 Qui, la nuit, repoussait
 Et qu'il redévorait !...
Tout en essayant de me faire
A cet exercice absorbant,
Je me souviens que je suis père,
Et soudain j'aime mon enfant !...
 A mesure que mon foie
 Maigrissait à faire horreur,
 J'avais la sinistre joie
 De voir engraisser mon cœur !
 Et ce cœur, heureux hasard,
  Battant pour le moutard,
  Palpita pour la mère !
Oui, ces deux êtres qui naguère
 Me semblaient assommants,
 Je les trouvais charmants !
De les revoir je me fais fête,
Et je veux lâcher mon rocher...
Mais mon vautour, qui n'est pas bête,
Se garde bien de me lâcher !...
  Je le prie,
  Le supplie,
 Et je le menace après !...
  Ah bien, ouiche !...
  Je t'en fiche !...
 C'est comme si je chantais !...
Enfin ! j'aperçois vers midi
 Un gaillard bien bâti
  Qui s'intitule
  Hercule !...
De loin, je lui lance gaîment
 Ce cri de ralliement
 Du peintre en bâtiment :

(Se faisant un porte-voix de ses deux mains et criant :)

Rrrrou !

(Le Destin et l'Espérance se lèvent brusquement.)

 Il s'approche
 De ma roche,
 Me décroche
 Malgré tout !...

A ma bête
Qui s'entête,
Hercule serre le cou !
Ne me sentant pas de joie,
J'ose m'offrir à mon tour,
Pour mon déjeuner, le foie
De mon ignoble vautour !...
Ensuite, empaillant mon oiseau,
J'en viens faire
Cadeau
A ma famille chère !...
En voyant cette bête-là,
Mon enfant pensera
Toujours à son papa !

REPRISE ENSEMBLE.

En voyant cette bête-là,
Son enfant pensera,
Bien sûr à son papa !

(S'accompagnant de la lyre et du vautour.)

Papa ! papa ! papa !

(Sur la fin du chant, Minerve a paru au fond armée de tous ses attributs. A la vue de Prométhée, elle pousse un grand cri et laisse tomber son bouclier et sa lance.)

MINERVE, éperdue.

Prométhée !.. Je ne me trompe pas... C'est lui !.. C'est bien lui !...

SCÈNE V

LES MÊMES, MINERVE.

PROMÉTHÉE, la reconnaissant.

Minerve ! (Ils se jettent dans les bras l'un de l'autre.)

ENSEMBLE.

L'émoi nous oppresse   *Bis.*

PROMÉTHÉE.

C'est elle !

MINERVE.

C'est lui !

PROMÉTHÉE.

C'est elle !

MINERVE.

C'est lui !

PROMÉTHÉE.

Oui, c'est ma déesse !

MINERVE.

C'est mon chien chéri !

ENSEMBLE.

MINERVE.	PROMÉTHÉE.
Je suis sa déesse	Elle est ma déesse,
C'est mon chien chéri !	J'suis son chien chéri !

MINERVE.

Depuis de bien longues journées,
Je t'attends, mon bel amoureux !
Et pendant presque deux années
Les pleurs ont rougi mes yeux bleus !

PROMÉTHÉE.

De ceci ne sois point fâchée :
Un œil rouge a son prix vraiment !

LE DESTIN.

Cette teinte est très-recherchée,
Surtout quand on est lapin blanc !

LE DESTIN, à l'Espérance.

Ma poule chérie, va faire un tour au bord du rivage !...

MINERVE.

C'est ça ! Si quelque déesse, si Jupin lui-même venait traîner ses cothurnes par ici ! j'aime autant qu'il ne me trouve pas en train de causer !...

L'ESPÉRANCE.

J'y vais, papa !

LE DESTIN.

Prends garde d'attraper un coup de soleil, mon chou frisé !

L'ESPÉRANCE.

Hélas !

LE DESTIN.

Avec celui qu'elle a déjà pour Eustache, ça lui en ferait deux... Ce serait du luxe!

L'ESPÉRANCE.

Adieu, bon père!

LE DESTIN.

Va, mon chien vert. Va ! (Il l'embrasse au front, elle sort.)

SCÈNE VI

LES MÊMES, moins L'ESPÉRANCE.

MINERVE, contemplant Prométhée.

Mon beau Titan, c'est bien toi... toujours les mêmes yeux ! le même nez !

PROMÉTHÉE.

Oh ! vous savez, les yeux et le nez, on en change rarement !... Mais vous, déesse, vous êtes engraissée.

MINERVE.

C'est la souffrance !... c'est les larmes! Pas vrai, Alphonse ?

LE DESTIN.

Comment donc ! mais certainement ! Elle en verse des pleurs! Elle en a formé cette petite rivière qui coule là-bas, dans le fond !...

MINERVE.

Depuis que papa Jupin, pour te punir d'avoir confectionné avec moi notre petit Eustache dont il est jaloux comme un tigre, t'a exilé au square des Hespérides, j'allais rôder tous les matins autour de ton rocher...

LE DESTIN, qui a placé son vautour sur un siége.

Ça, c'est vrai!

MINERVE.

Je n'osais pas montrer le bout de mon casque, pour ne pas réveiller en toi des souvenirs... Ce matin, j'y suis allée, je l'ai trouvé désert... Plus de Prométhée! plus de vautour! Je craignais que vous ne vous fussiez dévorés mutuellement!

PROMÉTHÉE.

Pas du tout! Tiens... le voilà, mon vautour!

MINERVE.

Il a l'air bien doux!

PROMÉTHÉE.

A présent, il ne mord plus!... Et puis, il est très-commode! c'est plutôt un sac de nuit qu'un vautour! Regardez! (Il ouvre le dos de la bête et en tire une brosse, etc.) De la poudre de riz... de l'olympienne! (Il leur met de la poudre de riz à tous deux).

LE DESTIN, émerveillé.

C'est un vautour de voyage!

PROMÉTHÉE.

Mais notre enfant, ô ma déesse?...

MINERVE.

Embrasse-moi d'abord. (Ils s'embrassent.)

LE DESTIN.

Est-ce heureux que je sois myope!

MINERVE.

Notre enfant! En voilà un qui me donne du fil à retordre! Grâce à cette Pandore, il mène une vie...

LE DESTIN.

Oh! mais une vie!

MINERVE.

On ne dirait jamais qu'il a été confectionné par la Sagesse en personne... D'abord, tu sais, Épiméthée...

PROMÉTHÉE.

Ah! oui, mon frère qui est si laid...

MINERVE.

Tu te rappelles que Jupiter a voulu à toute force en faire le mari de Pandore...

PROMÉTHÉE.

Par jalousie, toujours! Je me rappelle ça.

MINERVE.

Eh bien, Eustache en fait voir des grises à son oncle, va !

LE DESTIN.

Et des jaunes, donc !

PROMÉTHÉE.

C'est un petit rien du tout, alors, que ce gamin-là !

LE DESTIN.

Sans parler des dettes qu'il fait dans tout l'univers !

MINERVE.

Il fait des dettes !... Voilà une autre histoire, à présent !... Des dettes ! de qui tient-il donc ?

LE DESTIN, montrant des billets à ordre.

Voilà encore des billets qu'il a signés et sur lesquels il a mis effrontément: «Payables au comptoir d'escompte de l'Olympe !... Chez Alphonse, dit Destin, caissier perpétuel. »

MINERVE.

Et tu as payé, Alphonse ?

LE DESTIN.

Dame !... Il le fallait bien !... Les frais courent si vite ?

MINERVE, sautant au cou de Prométhée.

Excellent cœur !

PROMÉTHÉE, étreignant Minerve.

Grande âme !

LE DESTIN, très-ému.

Ah ! que ces baisers me font de bien !

PROMÉTHÉE, revenant à Minerve.

Alors, tu en as par-dessus les épaules, de cet enfant prodigue ?...

MINERVE, avec élan.

Moi ! Allons donc... Mais je l'aime !... Je l'adore, au contraire... car, oublierai-je jamais que c'est à toi que je dois...

PROMÉTHÉE.

- Quoi donc ?

MINERVE.

Mon cœur de mère... et quand une déesse dans mon genre a un cœur de mère...

PROMÉTHÉE.

C'est vrai!... Ah!...

(Ils retombent dans les bras l'un de l'autre.)

MINERVE.

D'abord, tout ça n'est pas sa faute, à ce petit.

COUPLETS.

Sur tout le monde s'il cancane,
Et s'il dit que papa Jupin
A présent n'est plus qu'un vieil âne ;
Qu'Apollon n'est qu'un grand crétin ;
Si, pour dénigrer la boutique,
Il fit ce journal médisant
Nommé « la Gazette olympique, »
C'est pas sa faute, à c' pauvre enfant!
   Non! non! non!
  C'est la faute à Pandore,
   La pécore
   Que j'abhorre! } *Bis.*
 Si c'est un sacripant,

ENSEMBLE.

Si c'est un sacripant,

MINERVE.

C'est la faute à Pandore,
C'est la faute à Pan Pan!

ENSEMBLE.

C'est la faute à Pandore,
C'est la faute à Pan Pan!
  Pan! Pan!

S'il bat le passant qui l'accoste,
S'il fait du scandale et du bruit;
Si, toujours gris, il aime, au poste,
A passer presque chaque nuit;
Si parfois, privé de ressource,
Pour offrir des fleurs à Pan Pan,
De ses amis il fait la bourse,

C'est pas sa faute, à c' pauvre enfant !
Non ! non ! non !
C'est la faute à Pandore !
Etc., etc.

SCÈNE VII

LES MÊMES, L'ESPÉRANCE.

L'ESPÉRANCE, annonçant effarée.

L'Olympe ! bon père ! Vl'à l'Olympe !

MINERVE.

Oui, l'Olympe qui se rend au palais de Pandore, pour lui apporter le tribut quotidien. Voilà où ils en sont venus !...

PROMÉTHÉE.

Pas possible !

LE DESTIN.

Les Immortels se sont faits les domestiques de la femme !

PROMÉTHÉE.

Et le grand Jupin souffre ça ?

MINERVE.

Papa ?.. S'il souffre tout ça ?... mais elle le mène par le bout du nez... Il en est fou...

LE DESTIN.

Fou à lier... Pour plaire à Pandore, il prend tous les jours une forme nouvelle !...

MINERVE.

Il se métamorphose en fleur, en bête... Est-ce que je sais, moi !

PROMÉTHÉE.

C'est égal, j'aime autant qu'il ignore que j'ai pris la clef des champs... et si ces messieurs de là-haut me voyaient ici, ils seraient capables de le prévenir ! Où me cacher ?

MINERVE, montrant la boîte qui est au fond.

Dans la boîte de Pandore !...

LE DESTIN.

Dans la niche à ma fille ! Je ne sais si c'est convenable !

NINERVE.

Ça ne fait rien !

(Elle ouvre la boîte, Prométhée entre dedans.)

L'ESPÉRANCE, lui passant son vautour.

Vous oubliez votre dindon.

PROMÉTHÉE.

C'est un vautour, mademoiselle ! (A Minerve.) Si tu vois notre Eustache, dis-lui que...

MINERVE, fermant le couvercle.

Entre donc, les voilà ! Il était temps !

(L'Espérance et le Destin disparaissent par la droite au moment où les dieux et les déesses arrivent par le fond. Minerve se tient à droite et les regarde tous en haussant les épaules.)

SCÈNE VIII

MINERVE, VÉNUS, JUNON, DIANE, VULCAIN, APOLLON, PLUTUS, NEPTUNE, MARS, Dieux et Déesses.

(Tous les dieux, comme les Titans, portent des costumes mi-partie mythologiques, mi-partie modernes. Ils entrent en scène d'un air furieux et semblent exténués. Vénus porte des cartons à chapeaux ; Diane, un lièvre et un perdreau ; Junon, un diadème sur un coussin ; Flore, des corbeillos de fleurs ; Pomone, des paniers de fruits ; Mars, des pistolets de salon ; Apollon, un orgue de Barbarie ; Neptune, une bourriche d'huîtres ; Plutus, des sacs d'or, des actions, des billets de banque ; Vulcain, une machine à coudre.)

CHOEUR.

Esclaves de la femme,
Que Jupin fit sans âme,
Nous allons,
Nous volons,
A peine nous dormons !...
Mais pour elle, qu'importe !
Nous traiter de la sorte,
Nous voir gémir,
C'est là son seul plaisir !

JUNON.

Il est heureux que le jour lui suffise !

VÉNUS.

Mais la despote, hélas ! on en frémit
Pour appeler notre Olympe à sa guise,
Aura bientôt sa sonnette de nuit !

REPRISE DU CHŒUR.

Esclaves de la femme, etc.

PLUTUS, déposant dans un coin ses sacs d'argent.

Je n'en peux plus.

VÉNUS, de même.

Je suis exténuée !

JUNON, montrant Flore et Pomone.

Flore et Pomone, obligées de faire chaque matin, dès la rosée
tombée, une moisson de fleurs et de fruits pour la femme !...
Et moi, moi-même, forcée de lui présenter ce diadème de la
part de Jupiter !

MINERVE.

Eh ! c'est bien fait, fallait pas la créer !

VULCAIN.

Minerve... ici...

DIANE.

Minerve ! chez Pandore !...

MINERVE.

Pas d'équivoque, je vous prie ; je ne viens pas comme vous
m'humilier devant elle...

JUNON.

Junon ne s'humilie jamais !

MINERVE.

Au contraire. Du reste, vous n'avez pas volé ce qui vous arrive !... Vous avez fabriqué un monstre, il vous dévore... Vous
avez donné tous vos vices à Pandore, elle vous force à la servir !
C'est bien fait ! Je vous le répète... C'est bien fait !

PLUTUS et les autres se récriant.

Comment ! c'est bien fait !

MINERVE.

Vous m'avez empêchée de jeter ma sagesse dans la boîte... si j'avais jeté ma...

VULCAIN.

Mais puisque tu ne l'avais plus, ta sagesse.

TOUS.

Puisque tu ne l'avais plus !

MINERVE.

On a beau perdre sa sagesse... quand on en avait beaucoup, il en reste toujours un peu... Ça n'est pas tout ça... Par ma tête de Méduse ! (Elle frappe sur son bouclier.) si vous ne vous révoltez pas un peu, vous êtes des divinités de carton...

APOLLON.

Ah! mais dites donc?

MINERVE.

Des dieux à vingt-cinq sous... des pantins avec des fils. Pandore tient les fils, et elle vous fait tous sauter comme des polichinelles que vous êtes !

JUNON, avec colère.

Silence, Minerve ! vous savez que je ne suis pas endurante ! Un jour, Hercule m'asticotait, je lui ai envoyé un coup de coude qui l'a fait rouler au fin fond de la mer !

MINERVE.

N'importe, puisqu'il est convenu que je suis la Sagesse, vous devez écouter ma voix !... Au lieu de vous courber devant la femme, reprenez votre puissance et détruisez la sienne. Toi, Neptune, toi qui passes ta vie à pêcher des huîtres pour Pandore, soulève les mers, inonde ses palais.

JUNON.

C'est une idée, ça !

TOUS.

Ah! oui ! c'est une idée.

MINERVE.

Toi ! Plutus, puisqu'elle aime l'or, engloutis-la dans les entrailles de la terre... Toi, Mars, sème la discorde parmi les créatures terrestres... Que sais-je! moi !...

JUNON.

Eh bien! oui! assez de servitude! La femme, après tout,
n'est rien!

VULCAIN.

Assez de servitude!... A bas la femme!

MINERVE.

Ça marche! Elle me gênait, cette Pandore!

TOUS.

A bas la femme!

DIANE, qui regardait au fond.

Mes enfants, je vous annonce la première femme, le premier
homme et le premier...

MINERVE.

Compris! (Entre Pandore au bras d'Eustache. Ils tiennent tous deux des
grappes de raisins, et ils ont dans les cheveux des épis et des fleurs. Epiméthée suit
d'un air piteux.) (Les dieux se sont subitement apaisés.)

SCÈNE IX

LES MÊMES, PANDORE, EUSTACHE, ÉPIMÉTHÉE, LES DEMI-
DIEUX, LES NYMPHES ET LES SYLVAINS DE LA PREMIÈRE
SCÈNE.

DUETTINO.

Lorsque l'on est roi,
Lorsqu'on a pour soi
Le droit, la loi,
Il faut être bien sot, ma foi,
Ma foi, ma foi!
Pour ne pas s'offrir,
Selon son désir,
Mille et un plaisirs,
Comme le commun des martyrs!

PANDORE.

Puisque mes folles escapades
Ont ensorcelé l'univers,
Je veux que, grâce à mes cascades,
Le monde ait la tête à l'envers!

(Montrant les moulins du dernier plan qui tournent avec rage.)

Ah! ces moulins aux formes nouvelles,
Sur les côtés ensoleillés,
Vous disent, en battant des ailes,
Dans quel but je les ai créés...
Sablons, sablons donc les bons vins,
Chantons, chantons de gais refrains,
Et jetons nos bonnets par-dessus les moulins !

Reprise en dansant.

Lorsque l'on est roi, etc.

(Les Dieux et les Déesses, accompagnant le refrain malgré eux.)

La la la !
La la la !

MINERVE, exaspérée.

La la la !

Ils l'accompagnent... Ils osent l'accompagner !

PANDORE, sur son trône.

Tiens ! Minerve !... Comment va ?

MINERVE.

Quel toupet !... (Aux Divinités). Mais révoltez-vous donc.

JUNON.

Tout à l'heure.

MINERVE.

Poules mouillées... (Haut.) Pandore, je viens vous demander
de me rendre le petit!... Il est temps qu'il se range. Je vais
l'emmener dans l'Olympe!

EUSTACHE.

Dans l'Olympe ! ah ! mais non ! Je m'amuse sur terre... Je bois,
je mange, je joue, j'embrasse Pandore !...

ÉPIMÉTHEE, pleurnichant (il est vêtu de jaune, grand faux-col, chevelure extrava-
gante avec des cornes).

Enfin, tu as tous les vices... Emmenez-le de force, Déesse...
Il trouble mon ménage... Débarrassez-moi de lui... ou bien
obtenez de Jupiter qu'il m'envoie auprès de mon frère sur son
rocher, ça sera moins dur que...

MINERVE.

Ne pleure pas, infortuné!... Car tu l'es! Dieu sait.

ÉPIMÉTHÉE.

Quoi donc?

MINERVE, vivement.

Infortuné, mon ami.

MINERVE.

Viens, Eustache... mon nuage est au seuil de ce palais. Embarquons-nous !

PANDORE.

Tu es folle, déesse ! Comment veux-tu que cet enfant s'exile de cette demeure charmante, remplie de tous les présents des dieux.

EUSTACHE.

Oh ! oui ! maman, regarde un peu toutes ces belles choses !

MINERVE.

Jamais de la vie !

PANDORE.

Tu les contempleras quand même !...

MORCEAU D'ENSEMBLE.

PANDORE.

Approchez-vous,
Dieux que j'estime,
Et payez tous
Ici la dîme !

VULCAIN.

Voici la vélocicouseuse...
Que pour toi j'ai forgée exprès.

(Il dépose sa petite machine à coudre devant Pandore.)

MINERVE, à part.

Est-il permis !...

PANDORE, à Junon.

Que m'offres-tu, belle orgueilleuse ?

JUNON, avec une rage contenue.

Ce diadème que j'aimais.

(Eustache prend le diadème et le présente à Pandore.

MINERVE (parlé, à Junon).

Puisque tu y tiens tant que ça, garde-le donc !

PANDORE, à Diane.

Toi, Diane la chasseresse,
Que m'apportes-tu ce matin ?

DIANE.

Voici les fruits de mon adresse :
Ce perdreau rouge et ce lapin.

(Elle jette le lapin et le perdreau aux pieds de Pandore.)

ÉPIMÉTHÉE, qui a ramassé le lapin qui était enveloppé dans du papier.

Tiens, ça vient de chez Chevet !...

DIANE, vivement.

Ça n'est pas vrai !

PANDORE (parlé).

Silence ! la parole est à Vénus !

VÉNUS.

Avec les fleurs et la rosée,
Je t'ai fait ces chapeaux mignons,
Et cette tunique est tissée
Avec l'aile des papillons.

(Elle donne des chapeaux et une tunique étincelante.)

MINERVE (à part).

Décidément, je ne peux plus me contenir !

(Elle repousse Vénus et s'avance hardiment vers Pandore)

Je suis déesse
De la sagesse,
Pour une fois
Entends ma voix.

PANDORE, descendant de son trône et montrant à Minerve la coiffure offerte par
Vénus.

Ce toquet
Est coquet,
Il m'enchante,
Me contente...
Ne fais plus la méchante.
Sur ton front
Mets-le donc.

MINERVE, séduite peu à peu.

Ce toquet
Me plairait !...

Il me tente
Mais, prudente,
Je resterai méchante !...
Refusons
Tous ses dons !

(Elle repousse Pandore qui appelle Neptune.)

PANDORE.

Toi, Neptune, dans ta bourriche,
Dis-moi quels trésors étonnants,
Dis quelle surprise se niche ?

EUSTACHE, tirant des colliers de perles de la bourriche.

Ces perles, les sœurs de tes dents.

(Pandore fait briller des colliers de perles aux yeux de Minerve.)

MINERVE, essayant de résister.

Je suis déesse
De la sagesse.
A ma vertu
Résistes-tu ?

PANDORE.

Ces joyaux
Sont fort beaux !
Ta sagesse
Peut, déesse,
Se faisant moins tigresse,
Essayer
Ce cóllier !

(Elle donne le collier à Minerve.)

MINERVE.

Ces joyaux
Sont fort beaux !
Ma sagesse
Oui, s'empresse,
Se faisant moins tigresse,
D'essayer
Ce collier !

(Elle se pare du collier. Pandore lui présente un miroir.)

PANDORE, à Plutus.

A toi, mon caissier ordinaire !

PLUTUS, s'avançant.

J'ai travaillé comme un cheval...

J'ai fouillé le sein de la terre...

(Il vide à terre ses sacs d'or).

MINERVE, avec horreur (parlé).

Peut-on aimer ce vil métal !

Ça n'est pas moi qui jamais...

PANDORE.

> Vois l'argent
> Ruisselant !
> L'or qui brille,
> Qui scintille !
> Ce doux son émoustille...
> C'est charmant,
> Enivrant !

MINERVE, s'animant à la vue de l'or.

> Cet argent
> Ruisselant !
> L'or qui brille,
> Qui scintille !
> Dont le son émoustille...
> C'est vraiment
> Bien tentant !

(Elle va puiser dans le tas d'or.)

JUNON.

Eh bien, Minerve, que faites-vous donc?

MINERVE.

Sapristi ! c'est vrai, elle allait m'entortiller aussi.

CHOEUR.

> C'est affreux !
> Scandaleux !
> La Sagesse,
> Si tigresse,
> A présent nous délaisse !...
> C'est vraiment
> Révoltant (1) !

---

(1) Ce morceau d'ensemble est supprimé à la représentation. Après ces mots de Minerve : « Infortuné, mon ami ! » on fait suivre immédiatement par : « Allons, allons ! révoltez-vous, mes enfants ! »

PANDORE (parlé).

Voyons, Minerve, restez avec nous.

EUSTACHE.

Oui, petite maman, restez avec nous ; vous verrez que vous n'en serez pas fâchée !

MINERVE.

Jamais de la vie ! (Aux dieux et aux déesses.) Allons ! allons ! révoltez-vous, mes enfants !

VULCAIN, avec crainte.

Dans un instant !

MINERVE.

Non ! tout de suite !

APOLLON.

C'est ça ! n'hésitons plus !

(Tout le monde hésite.)

DIANE, se décidant à parler la première.

Oui, j'en ai assez d'aller tous les matins à la chasse, uniquement pour toi !

VÉNUS, prenant la place de Diane.

Moi, je suis lasse d'inventer des toilettes.

PANDORE, raillant. (Elle est remontée sur son trône.)

Vraiment !

PLUTUS.

Moi, je suis fatigué de te puiser de l'or dans le sein de la terre.

VULCAIN, balbutiant.

Moi, je... je... je...

MARS, balbutiant de même.

Et moi aussi.

(Minerve les repousse tous les deux.)

MINERVE.

Pandore, je détruirai ton pouvoir, je saurai bien amener Jupiter à...

PANDORE, riant.

Jupiter !... Mais tu ignores donc, ma pauvre Minerve, que...

6

MINERVE, l'interrompant.

Je n'ignore rien du tout... Je sais qu'il est toqué de toi ; et que pour te plaire, il ne craint pas de se rendre ridicule aux yeux de tout l'Olympe !

JUNON.

Aux yeux de sa propre famille...

VULCAIN.

En prenant les déguisements les plus idiots.

MINERVE.

Les formes les plus saugrenues !... (Avec fureur, aux dieux et aux déesses.) Croiriez-vous, mes enfants, que pas plus tard que ce matin je l'ai trouvé en train de se métamorphoser en souris blanche.

TOUS.

En souris blanche !

MINERVE.

Oh ! mais c'est une affaire finie, j'ai parlé à papa de la bonne façon, et ton règne touche à son terme !... Jupiter me l'a promis, et...

PANDORE.

Jupiter !... Je le brave !

(Le tonnerre éclate avec fracas. Les éclairs brillent. Le théâtre s'obscurcit.)

TOUS.

Qu'est ce que c'est que ça ?

(Jupiter paraît en grand costume, sur un nuage, la foudre en main.)

SCÈNE X

LES MÊMES, JUPITER.

MORCEAU D'ENSEMBLE.

JUPITER.

C'est Jupiter, armé de son tonnerre,
Qui vient faire un tour sur la terre !...

CHŒUR.

C'est Jupiter !

MINERVE.

C'est Jupiter !

JUPITER.

C'est Jupiter !

PANDORE.

Il renonce à se déguiser,
Et c'est au milieu de l'orage
Qu'il paraît sous son vrai plumage.

EUSTACHE.

Son vrai plumage.

MINERVE.

Son vrai plumage.

TOUS.

Son vrai plumage.

PANDORE, descendant de son trône.

Grand Jupiter, grand Jupiter,
Donne-toi la peine d'entrer !

JUPITER, d'un ton terrible, aux dieux et aux déesses.

Eloignez-vous,
Et laissez-nous !

CHŒUR.

A-t-il l'air en colère !
Ah ! dieux ! que va-t-il faire ?

PANDORE, riant.

Ah ! ah !

MINERVE, parlé.

L'effrontée ! elle rit au nez de papa.

PANDORE.

Qu'avez-vous, roi des cieux ,
A roûler de tels yeux ?   } *Bis.*
Ah ! ah !

JUPITER.

Eloignez-vous, car Jupiter
Avec la femme veut causer.

CHŒUR.

Avec la femme il veut causer.   *Bis.*

MINERVE, à Jupiter. Parlé.

Soyez ferme, papa... débarrassez-vous d'elle une fois pour toutes !... vous savez ce que vous m'avez promis ce matin !

JUPITER.

Sois tranquille, petite, sois tranquille.

(Sortie générale.)

SCÈNE XI

PANDORE, JUPITER.

JUPITER.

A nous deux maintenant :

DUO.

JUPITER.

O femme frivole !
Entends ma parole :
Jusqu'alors, pour captiver ton cœur,
J'ai par trop usé de douceur.
J'ai, dédaignant les menaces,
Pris bien des formes bonnasses !

COUPLETS.

En mouton je suis venu,
Bé ! bé !   *Bis.*
En mouton tout frais tondu,
Bé ! bé !
Bien frisé, bien gracieux,
Tout couvert de rubans bleus.
En perroquet me changeant,
Ho ! ho !

PANDORE, parlé.

As-tu déjeuné Jacquot !

JUPITER.

Oui, oui ! de rôti de roi.

(Chantant.)

Portez armes ! Ran plan plan !
Ho ! ho !
Perroquet étincelant,
Aux plumes d'or et d'argent,
Cela ne t'a pas
Captivée, hélas !

PANDORE.

Cela ne m'a pas
Captivée, hélas !

JUPITER.

En joli chat angora,
Miaou !
Certain soir, on me trouva
Miaou !
Sur ton lit, à deux genoux,
Implorant un rendez-vous.

PANDORE.

La métamorphose me fit rire !

JUPITER.

Enfin,
L'amoureux Jupin
Se transforme en rose !...

(Il prend une rose dans l'un des vases qui entourent le trône et l'effeuille

Déjà sur ton sein
Cette fleur soudain
S'effeuille et se pose...
Ah ! ah !
Mais je parle, hélas !
Tu ne me prends pas !

PANDORE.

Tu parles, hélas !
Je ne la prends pas !
Je ris aux éclats !...

Le mouton blanc me plaisait...
Bé ! bé !
Cette main le caressait...
Bé ! bé !
Je l'eusse gardé toujours,
S'il eût caché ses amours !..,
Si le perroquet discret,
Ho ! ho !

6.

Avait gardé son secret,
    Ho ! ho !
Pandore eût désiré voir
Jupiter sur un perchoir !   } *Bis.*

Le gros chat noir me plaisait,
    Miaou !
Déjà ma voix l'appelait,
    Miaou !
De lui j'eusse fait grand cas
Pour faire la guerre aux rats !
    La métamorphose,
    Tu t'én sers en vain !...
    J'eusse aimé Jupin
    Sous forme de rose,

           (Jupiter lui offre une rose.)

    Pour en faire don
    A mon amant blond
    Qui là-bas repose !

           (Elle indique le fond.)

    JUPITER, après un mouvement de rage.

Puisque mes airs doux et bénins
N'ont obtenu que tes dédains,
Des dieux reprenant la coutume,
Je t'apparais en grand costume,
Avec mes décorations
Et mes ornementations !

       PANDORE, raillant.

    Ah ! ah ! vraiment,
    C'est imposant !

        JUPITER.

Ah ! ne résiste pas davantage,
Viens avec moi sur mon nuage.
Viens ! je veux te meubler aux cieux
Un logement délicieux !

        PANDORE.

    O dieu tentateur,
    O dieu séducteur,
    Qui dedans mon cœur
    Eveilles l'envie !...
    Renverser Junon !...
    Je ne dis pas non...

JUPITER

Viens donc, ô ma mie !

(Il la saisit dans ses bras, Pandore s'abandonne à son étreinte ; mais à ce moment on
entend de toutes parts, comme le chant des oiseaux, le murmure des fontaines, etc.
Pandore se redresse, prête l'oreille, et repoussant doucement Jupiter étonné :

PANDORE, comme en extase.

Entends tout là-bas, dans la plaine,
   Le chant des oiseaux !...
Entends murmurer la fontaine...
   Frémir les roseaux ;

(Le repoussant tout à fait.)

Va, laisse-moi !... J'aime la terre,
   Et l'être chéri,
Le doux bébé dont elle est mère ;
   Je reste avec lui !

JUPITER.

Ce bel adolescent,
Qu'a-t-il donc d'attrayant ?

PANDORE.

Ah ! il ne connaît rien de la vie !
Rien des mystères d'ici-bas,
Et vraiment mon âme est ravie
De diriger ses premiers pas.
Comme Pandore, il rit, il chante,
Et, suivant en tout mes leçons,
Il sait, d'une façon charmante,
Gambader sous les verts buissons.

JUPITER.

Pour être aimé de toi,
S'il suffit d'être un homme,
Je saurai bien, en somme,
Me faire homme, ma foi !

(Son grand costume disparaît. Il est vêtu en baladin, maillot pailleté. Tambour de
basque, etc.)

PANDORE.

Allons donc !
Non, non, non !

JUPITER.

Si, si, si !
Comme lui,

Je sauterai,
Je danserai !...
Je ferai des cascades,
Et de sottes gambades !...

(Dansant.)

Comme ceci,
Comme ceci.   } *Bis.*

PANDORE, riant.

Saute, saute, Jupiter !
Danse, danse, danse,
Et lance ta jambe en l'air !
Danse, danse en cadence !

JUPITER.

A présent que je suis
Un danseur comme lui,
Accepte ma tendresse,
O ma belle maîtresse !...

PANDORE.

Non ! pas encor, pas encor !...
Dansez, dansez, dansez plus fort !
Puisque vous tenez à me plaire,
Dansez toujours, dieu du tonnerre !

Reprise ensemble.

PANDORE, riant de plus belle.

Saute, saute, Jupiter !
Danse, danse, danse,
Et lance ta jambe en l'air !
Danse, danse en cadence !
Saute, saute, Jupiter !

Reprise ensemble.

(Pandore s'enfuit en riant aux éclats et en emportant la foudre de Jupiter qui continue
à danser, croyant encore Pandore près de lui. Le Destin, Minerve et Vulcain entrent
à ce moment et l'aperçoivent la jambe en l'air.)

SCÈNE XII

JUPITER, LE DESTIN, MINERVE, VULCAIN, puis PROMÉTHÉE.

TOUS LES TROIS.

Ah ! c'est du beau !

MINERNE.

Et vous croyez, papa, que c'est une conduite pour le roi des dieux.

JUPITER.

Tu m'ennuies, toi!

VULCAIN.

Nous avons tout vu!

LE DESTIN.

Tout entendu!

JUPITER.

Ça n'est pas tout ça! où est Pandore?

MINERVE.

Pandore! elle est allée...

(Chantonnant.)

> Vers son amant blond
> Qui là-bas repose!...

(Elle éclate de rire.)

JUPITER.

Pas possible!

VULCAIN.

Très-possible au contraire! Pandore se moque de vous.

MINERVE.

Et elle s'en moquera toujours!

LE DESTIN.

C'est écrit! (Vivement.) Pas par moi, je vous préviens!... c'est donc sérieux!

MINERVE, à Jupiter, d'un air grave.

Papa, nous attendons de vous que vous preniez une détermination radicale!

VULCAIN.

Et que vous nous débarrassiez de cette...

MINERVE.

Péronnelle, dites donc le mot!... c'est vrai, ce Vulcain est d'un mou!... (A Jupiter.) Voulez-vous, oui ou non, renoncer à Pandore?

JUPITER.

Renoncer à... jamais !

MINERVE.

Il suffit !... (Au Destin.) Alphonse, veuillez, je vous prie, apprendre à Monsieur la détermination prise par le conseil de famille des dieux !

JUPITER.

Un conseil de famille !

LE DESTIN.

Oui, mon cher Jupin ! le conseil de famille des dieux, ci-dessus énoncé, voyant que vous vous obstiniez *mordicus*... (Changeant de ton.) Je pourrais parler grec, mais je préfère parler latin pour me mettre à votre portée... voyant que vous vous obstiniez à mener une vie de polichinelle...

(Ici Prométhée sort à moitié de la boîte où on l'a caché à la scène VII. En apercevant Jupiter, il pousse un cri perçant et rentre vivement dans son coffre. Le Destin, croyant que c'est Jupiter qui a crié, continue avec tristesse :)

Tenez ! vous voyez, vous avez même pris la voix du polichinelle en question !

JUPITER, se récriant.

Mais ce n'est pas moi qui...

MINERVE, l'interrompant.

Tout le budget passe dans les poches de cette intrigante de Pandore !... vous vous ruinez en travestissements, en noces de toute sorte !... ainsi, Pandore donne encore une fête cette nuit...

LE DESTIN.

Comme hier !

MINERVE.

Je gage que vous ouvrirez le bal avec elle !... Ah ! tenez, papa, c'est écœurant !... (Reprenant le ton grave.) Alphonse, veuillez poursuivre !

LE DESTIN.

Le conseil donc, dis-je ; non, le conseil, dis-je donc, afin de sauvegarder votre dignité et de vous assurer des repas réglés, a décidé de vous faire interdire *illico*... Je pourrais encore vous dire ça en grec... mais...

JUPITER, sursautant.

M'interdire !... moi, le fils du Chaos...

LE DESTIN.

Permettez! C'est moi qui suis tout ça... Il ne sait même plus ce qu'il dit !

JUPITER.

Vous auriez la prétention de...

MINERVE.

La loi est pour nous!... Alphonse, ouvrez le Code.

LE DESTIN, tirant son Code.

« Article 445 *bis* : Tout enfant de l'Olympe a le droit et même le devoir de faire interdire un sien parent, lorsque ledit parent est tombé dans un état complet d'imbécillité et...

JUPITER, furieux.

Vous osez dire...

(De nouveau, Prométhée sort à moitié de la boîte. Cette fois, il se met à pousser des rires étouffés.)

MINERVE, croyant que c'est Jupiter.

Voyons, papa, nous ne voulons pour preuve de votre *gâtisme* avancé, que ce cri ridicule que vous vous obstinez à pousser dans des circonstances aussi graves !

JUPITER, hurlant et se retournant.

Mais ce n'est pas moi !...

(Prométhée rentre vivement dans le coffre.)

LE DESTIN.

Vous voyez, vous n'avez plus la conscience de vos actes !

MINERVE.

Continuez, Alphonse !

LE DESTIN, lisant.

« Le dieu interdit pourra être soigné chez lui, ou placé dans la maison municipale des Dieux Incurables... » (A Jupiter.) Vous plaît-il mieux d'être soigné à domicile ?

JUPITER, exaspéré.

Ventre-saint-gris ! si je prends mon tonnerre!...

MINERVE.

Votre tonnerre! mais Pandore vous l'a chippé!

PROMÉTHÉE, sautant hors de la boîte.

En ce cas, je peux me ficher de toi, roi des dieux!... (Criant à tue-tête.) A bas Jupin!... A bas Jupin!...

JUPITER, le prenant au collet.

Prométhée! vivant!...

PROMÉTHÉE, le repoussant.

Très-vivant! Il a des dents!

JUPITER..

Et ton vautour!

PROMÉTHÉE.

Je l'ai mangé!... (A Minerve et aux autres.) Interdisez-le!... Interdisez-le!... Ne le lâchez pas!

MINERVE.

Oh! nous sommes tous d'accord, mon beau Titan!... Il n'y a plus qu'à signer!...

PROMÉTHÉE.

Signez vite... J'en serai aussi!

JUPITER.

Je proteste!

MINERVE.

Alors, recoffrez Pandore!

JUPITER.

La recoffrer!

LE DESTIN.

Méfiez-vous!... Le train pour Charenton va partir!

JUPITER.

Eh bien! oui, là, je consens!... Interdit! jamais... Et puis, après tout, Pandore se moque de moi depuis trop longtemps!...

MINERVE.

Bravo! La voici justement!... Pas de faiblesse!

JUPITER.

As pas peur!

(Pandore paraît avec Eustache, tous deux en costume d'apparat. La galerie du fond se remplit de groupes. Tout le monde a des gants blancs.)

SCÈNE XIII

LES MÊMES, PANDORE, EUSTACHE, puis L'ESPÉRANCE, tous
les Dieux, toutes les Déesses, Titans, Nymphes, Cyclopes, etc.

LE DESTIN, à Pandore.

Avant le bal, chère amie, nous vous ménageons une petite
surprise!

EUSTACHE.

Quelle surprise!... (Apercevant Prométhée.) Tiens, papa!

PROMÉTHÉE.

Mon fils! Qu'il est beau!

L'ESPÉRANCE, qui vient de paraître.

Oh! oui! bien beau!

PANDORE, au Destin.

De quelle surprise parlez-vous?

JUPITER, poussé par Minerve.

Tu vas le savoir. (A Vulcain, qui vient de faire signe à ses cyclopes.) Vulcain, avec tes cyclopes, mon fils, empare-toi de Pandore,
réintègre-la dans sa boîte, et porte le tout au dragon des Hespérides!

PANDORE.

Jamais de la vie!

JUTITER, aux cyclopes.

Obéissez!

(On veut entraîner Pandore.)

PANDORE.

A moi! à moi! (Tout le monde accourt.) Jupiter, je ne t'appartiens
pas... j'appartiens à la création tout entière...

MINERVE.

L'univers est fatigué de toi!

PANDORE.

Demande-lui donc de voter mon exil, et tu verras si la majorité
n'est pas pour moi!

7

MINERVE.

Soit ! j'accepte l'épreuve !

PANDORE.

Et moi aussi ! L'on votera en dansant... Pour urne, vous prendrez cette boîte, qui fut mon berceau, et dont vous voulez faire ma prison !

(On met la boîte au milieu du théâtre.)

TOUS.

Votons ! votons !

(L'heure sonne.)

PANDORE.

C'est l'heure de la fête ! Que le bal et le vote commencent en même temps !

FINAL.

(Pendant l'introduction.)

JUNON, à Jupiter.

Vous danserez avec moi !

JUPITER.

Ce sera gai !

MINERVE, à Eustache.

Toi, avec moi, bébé !

EUSTACHE.

Ce sera drôle !

(Les couples se forment.)

PANDORE.

Destin, vous serez mon cavalier !

LE DESTIN.

Impossible, j'ai décidé que je ne danserais jamais de ma vie !

PROMÉTHÉE.

Raison de plus pour gambader avec nous !

LE DESTIN.

Soit, mais je proteste !

CHOEUR.

C'est la bacchanale antique
C'est le can can,
De Pan-Pan.
La danse mythologique

· Qui vous laisse pantelant.

EUSTACHE.

Vous voterez pour la reine.

LES TITANS ET LES DIEUX.

La reine est un vrai démon.

LES NYMPHES, aux Titans.

Votez oui, pour votre peine
Nous ne vous dirons pas non !
La reine, c'est la jeunesse ;
Voter contre elle aujourd'hui
Est un signe de vieillesse !

CHŒUR DES HOMMES.

Eh bien, nous voterons oui !

CHŒUR GÉNÉRAL, en jetant les bulletins dans la boîte.

Dans la boîte
Qui convoite
Nos votes ici,
Avec zèle
Que l'on mêle
Les non et les oui !

LE DESTIN, à Azurin.

On augmentera tes gages
Si tu veux bien voter non !

MINERVE, aux dieux.

Vos femmes deviendront sages
Et garderont la maison !

LE DESTIN, parlé.

Le scrutin est fermé !

(Reprise du chant.)

Silence ! silence ! silence !
Car le dépouillement commence.
Silence ! silence ! silence !

L'ESPÉRANCE, à Pandore.

Espérance !

(A Minerve.)

Confiance !

LE DESTIN, lisant les bulletins, aidé de Prométhée et d'Épiméthée, qui lui servent d'assesseurs.

L'Olympe souverain se prononce aujourd'hui.
Oui, oui, oui, oui, oui, oui, oui, oui, oui...

JUPITER.

Vraiment, vraiment, c'est inouï.

CHŒUR.

C'est inouï!...   6 *fois.*

LE DESTIN.

Morbleu , messieurs les assesseurs, dépouillez donc!
(Lisant les bulletins.)
Non, non, non, non, non, non, non, non, non.

PANDORE.

Voici qui n'est pas bon.

LES PARTISANS DE PANDORE.

C'est du guignon!   *Bis*

LE DESTIN, lisant.

Oui, oui, oui, oui.

CHŒUR.

Inouï, inouï, inouï!
Inouï, inouï, inouï !

LE DESTIN.

Non, non, non, non !

CHŒUR.

C'est fort bon!   4 *fois.*

LE DESTIN.

Messieurs les assesseurs, dépouillons, dépouillons!
Non, non, non, non, non, non, non, non.
Toujours des non, toujours des non !

PANDORE, au désespoir.

Plus un seul oui.   *Bis.*
C'est inouï !   *Bis.*

LE DESTIN.

Non, non, non, non, non, non, non, non.

CHŒUR.

C'est inouï!   *Ter.*

LE DESTIN.

Non, non, non, non, non, non, non, non!

CHŒUR.

C'est du guignon!   *Ter.*

PANDORE.

C'est du guignon!   *Ter.*
Ah!
Maintenant la chose est bien claire!
Je suis sûre de mon affaire!

PROMÉTHÉE.

Pauvre Pan Pan, quoi! c'en est fait!
C'est navrant; mais il le fallait!

LE DESTIN.

Silence!
Voici la suprême sentence!

CHŒUR.

Silence!

LE DESTIN.

Pandore a la minorité!

TOUS.

La minorité!

PANDORE.

(Chant)

Contre moi, tous ils ont voté!
  O girouettes
  Que vous êtes!
Sans moi, plus moyen de tourner!
Bonsoir, pauvres marionnettes!
Qui ne voulez plus remuer!
Ah! croyez-vous que mon cœur soupire.
L'on me trahit, chacun son tour!   *Bis.*
      Ah!
J'emporte mes éclats de rire!
L'amour est mort, vive l'amour!

LES PARTISANS DE PANDORE.

Nous nous exilons tous.
Nous partons avec vous!

CHŒUR.

Bon voyage.   *Ter.*
Le tapage,   *Ter.*

Pour toujours va donc finir !   *Ter.*
Plus d'orgie.   *Ter.*
De folie.   *Ter.*
Chacun va pouvoir dormir !   *Ter.*

PANDORE.

Ah, ah, ah, ah !
Ronflez, ronflez, dormez dans les coins.
Pour moi, je n'en rirai pas moins !
Ah, ah, ah, ah !
Puisque mes folles escapades
Ne m'ont fait que des ennemis !
Allons ! je cesse mes cascades,
Et tout en riant je vous dis :
Ah !
Par-dessus les ailes coquettes
Des moulins qu'au loin nous voyons,
Hier, je jetais mes cornettes.
Mes bonnets et mes cotillons !
Puisque l'on m'abandonne,
Sans cesser mes refrains
Je jette ma couronne
Par-dessus les moulins !

REPRISE DU CHŒUR.

Bon voyage !
Etc.

Les cyclopes s'emparent de Pandore et veulent la refourrer dans sa boîte. Tous dansent autour d'elle. Eustache pleure dans un coin.)

L'ESPÉRANCE, s'approche de lui.

Ne pleure pas, Eustache ! Pandore s'en va... Moi, je te reste
(Eustache lui donne un soufflet. La danse reprend avec animation. Tableau général. La toile tombe.)

FIN DU DEUXIÈME ACTE.

ACTE TROISIÈME

LES POMMES D'OR

Le théâtre représente le coin de forêt du premier acte. — A droite, le bosquet où l'on a vu Prométhée sculptant la statue. Les lianes et le lierre le ferment entièrement. — Au fond, à travers les arbres, on aperçoit quelques habitations à moitié ruinées, enfouies sous le lierre. — Au haut des monuments, des cadrans dont les aiguilles ne marchent plus. — A l'extrême lointain, deux ou trois moulins sont restés debout, mais leurs ailes sont immobiles.

SCÈNE PREMIÈRE

PROMÉTHÉE, ÉPIMÉTHÉE, TITANS. (Les Titans ont repris leurs allures de bêtes fauves du premier acte. Leurs longues oreilles ont repoussé. Ils portent, comme au commencement, leurs caleçons de feuillage. Tous sont vautrés dans l'herbe, à l'exception de trois ou quatre, qui accrochent aux arbres, d'un air nonchalant, des guirlandes de fleurs.)

CHOEUR.
Pour le mariage
Qu'on va célébrer,
Il nous faut parer
L'arbre et le bocage.
(Avec effort et paresse.)
Clouons,
Frappons !
Ah ! ah !
Pour un Titan,
Ce métier, vraiment,
Est bien fatigant !...
Ah !
C'est-y fatigant !

(Ils s'arrêtent tous de travailler et poussent en même temps un soupir formidable.) Ah !

PROMÉTHÉE, qui pare le bosquet de droite.

Encore une araignée!... Ah! celle-là, c'est de la belle espèce!

ÉPIMÉTHÉE.

Pardine! il en pousse maintenant partout des araignées!

PROMÉTHÉE.

Le fait est que depuis que Pandore, votre ex-épouse, a été refourrée dans sa boîte, le monde ne bat plus que d'une aile!

ÉPIMÉTHÉE, pleurnichant.

Ma pauvre petite femme!

PROMÉTHÉE.

Tu auras beau geindre; ce qui est fait est fait! Minerve en est arrrivée à ses fins!... et Jupiter a fait recoffrer madame ton épouse!

ÉPIMÉTHÉE.

Oui, elle est exilée là-bas, au square des Hespérides.

LE DESTIN, paraissant suivi d'Azurin. Il tient à la main une lunette d'approche.

Sous la garde de ce fameux dragon si connu dans l'histoire.

(Il prend une prise.)

PROMÉTHÉE.

Eh! c'est ce cher Destin...

LE DESTIN, lui offrant une prise.

En usez-vous?

PROMÉTHÉE.

Merci! (Regardant la longue vue.) Qu'est-ce que c'est que ça?

LE DESTIN.

Une lunette d'approche, cher ami.

PROMÉTHÉE.

Pourquoi faire?

LE DESTIN.

Mon cher Prométhée, je vais vous dire! Je deviens de plus en plus myope. Mon binocle ou rien, c'est la même chose!... Alors, ma foi, je me suis payé ce petit instrument... Et je vois comme si je n'avais eu que ça toute ma vie!

PROMÉTHÉE.

Allons, tant mieux!

SCÈNE II

LES MÊMES, LE DESTIN, AZURIN.

LE DESTIN, regardant antour de lui.

Vous avez tout enguirlandé, c'est parfait!... Vous avez travaillé comme de beaux garçons!

ÉPIMÉTHÉE.

Et nous n'en pouvons plus !

(Il se couche.)

LE DESTIN, à Prométhée.

Enfin, c'est donc aujourd'hui, mon bon ami, que nous marions cette chère Espérance avec cet excellent Eustache!...

PROMÉTHÉE.

C'est aujourd'hui... (Avec sentiment, en montrant le bosquet de droite.) Le pauvre Bébé! C'est dans ce bosquet plein de toiles d'araignée que je l'ai façonné. Un peu d'eau, un peu de terre glaise...

LE DESTIN, larmoyant.

Et moi, c'est à cette place que j'ai fabriqué ma chère Espérance. Quelques poireaux, pas mal d'oseille.

TOUS DEUX, sanglotant.

Adorables souvenirs!

LE DESTIN, à Azurin.

A propos, Azurin... (Au public.) Car enfin, j'ai retrouvé Azurin, mon premier sténographe... Azurin, m'as-tu acheté des gants pour la cérémonie?

AZURIN.

J'ai fait trois fois le tour du monde, il n'y a plus un magasin ouvert!

LE DESTIN.

Ah! dame! avec Pandore, le luxe et le plaisir ont disparu.

PROMÉTHÉE.

Maintenant partout règne le silence!

ÉPIMÉTHÉE.

Le sommeil!

LE DESTIN, montrant les cadrans immobiles.

Plus une horloge qui marche, plus un coucou qui aille!

PROMÉTHÉE, montrant les moulins.

Plus un moulin qui tourne!

ÉPIMÉTHÉE.

Les vents eux-mêmes dorment sur leurs nuages!

LE DESTIN.

Comme avant la naissance de la femme!

PROMÉTHÉE.

Et, à votre idée, voyons, Destin, pendant combien de temps sera-t-on dans cet état-là?

LE DESTIN.

Ce sommeil sera éternel!... C'est écrit, et ce qui est écrit... Demandez plutôt à Azurin...

AZURIN.

Ce qui est écrit est écrit!... A moins pourtant que...

PROMÉTHÉE, l'interrompant.

Ce n'est pas tout ça!... Qu'est-ce que fait mam'zelle votre fille pour le quart d'heure?

LE DESTIN.

La jeune fiancée?... Elle est avec les nymphes, ses compagnes, cette chère Espérance, et avec Minerve, sa belle maman! Elle se dispose à la grande chose. (A Épiméthée.) Vous savez ce que c'est?...

ÉPIMÉTHÉE.

Oui! on m'a fait passer par là...

LE DESTIN.

Justement, voici la petite !

SCÈNE III

LES MÊMES, MIVERVE, L'ESPÉRANCE, Nymphes, etc.

(L'Espérance est grotesquement vêtue en mariée. Costume vert toujours ; une couronne de fleurs d'oranger verte, un voile vert. — Elle s'appuie sur Minerve. — Les Nymphes suivent, tenant à la main de gros bouquets. Un Titan précède la noce avec un violon. Tous ont des gants blancs énormes. Types ridicules.)

CHOEUR.

Sur terre plus de souffrance !
On unit, en ce beau jour,
La vertueuse Espérance
A l'homme, son seul amour !

MINERVE, à Prométhée.

Bonjour, ami !

PROMÉTHÉE, ému.

Ma déesse !

MINERVE.

Le petit est à sa toilette ?...

PROMÉTHÉE.

Il doit être paré depuis l'aurore !

MINERVE, avec extase.

Oh ! le cher trésor ! (Elle serre avec amour la main de Prométhée.) Mais elle ! regarde-la donc !... Hein ? la jolie petite toilette !

PROMÉTHÉE.

Délicieuse !

LE DESTIN, avec amour.

On dirait d'une grenouille !

L'ESPÉRANCE, très-émue, tombant dans les bras de son père.

Ah ! mon père !

LE DESTIN.

Et les nymphes, tes compagnes des bocages, sont venues pour t'habiller !... Merci, mesdemoiselles !

L'ESPÉRANCE, montrant une nymphe.

Voilà Amélie, ma meilleure amie...

LE DESTIN, à l'Espérance.

Eh bien! voyons, Bébelle, es-tu heureuse de posséder enfin ton petit Eustache?

L'ESPÉRANCE.

Il était temps... car je maigrissais!...

MINERVE.

Tout un horizon resplendissant s'ouvre devant toi, jeune nymphe... Ce soir, au crépuscule, une fois l'hymen terminé... tu monteras dans l'Olympe avec ton petit Eustache!

L'ESPÉRANCE.

Si haut que ça?

MINERVE.

Je t'ai fait souffler un nuage d'or, à deux places... Tu verras, c'est commode comme tout!

LE DESTIN.

Que de bontés!... Remercie la dame, Bébelle!

L'ESPÉRANCE, fait une révérence à Minerve et se jette dans les bras de son père.

Ah! mon père!

LE DESTIN.

Pleure pas.

MINERVE.

Ah! dame! pensez donc!... c'est la première fois qu'elle se marie, c'te petite, et quand on n'en a pas l'habitude!...

PROMÉTHÉE.

Oui, sèche tes pleurs, et ouïs les conseils de ton beau-père.

COUPLETS.

I

Lorsqu'une nymphe candide
Prend un époux à vingt ans,
O ma bru, que je comprends
L'émoi de son cœur limpide!
En plaçant ce cher bouquet
Sur ta poitrine oppressée,
Tu peux être embarrassée,
Ignorant comment ça s'met...

TOUS.

Comment ça s' met.

(L'Espérance pleurniche.)

PROMÉTHÉE.

Pleur' pas, ma fille,
  Pleur' pas!   *Bis.*
Sois bien sage et bien gentille,
A tout ça tu te feras;
  Crois-moi, ma fille,
  Tu t'y feras!

MINERVE.

II

D'abord l'épouse candide
Craint la flèche de l'amour,
Mais cette flèche, un beau jour,
Lui semble bien moins perfide;
Cupidon dicte ses lois,
Si bien que la nymphe, éprise,
Ne trouve plus, à sa guise,
Assez d' flèch's dans le carquois'

TOUS.

Dans le carquois!

MINERVE.

Pleur' pas, ma fille,
  Pleur' pas!   *Bis.*
Sois bien sage et bien gentille,
A tout ça tu te feras;
  Crois-moi, ma fille,
  Tu t'y feras!

LE DESTIN, avec émotion prenant la main de sa fille.

III

Pour toi j'ai d'autres alarmes
Si ton époux, un beau jour,
Pincé par un autre amour,
Se fatigue de tes charmes,
Dame! il faudra filer doux!
Car, pour peu qu' tu l'asticotes,
Tu verras les belles calottes
Que t' flanqu'ra ton cher époux!

(L'Espérance pousse des cris de paon.

8

Pleur' pas, ma fille,
Pleur' pas !   *Bis.*
Un' bonn' calotte émoustille,
Aux giffles tu te feras ;
Crois-moi, ma fille,
Tu t'y feras !

CHŒUR.

Pleur' pas, ma fille !...

SCÈNE IV

LES MÊMES, EUSTACHE. (Il pleure et porte son mouchoir à ses yeux.)

PROMÉTHÉE.

V'là le fiancé !... Il gémit aussi !

MINERVE.

Eh bien ! qu'est-ce que ça signifie ? Tu n'as pas encore revêtu ta parure nuptiale ?

EUSTACHE.

Je n'en veux pas de cette parure-là !... Je n'en veux pas de ma femme !... C'est Pandore qu'il me faut !... Pandore avec qui je grapillais si bien dans les vignes !...

MINERVE.

C'est fini, le grappillage ! Adieu paniers, vendanges sont faites !

L'ESPÉRANCE, baissant pudiquement les yeux.

Tu grappilleras avec moi !

EUSTACHE.

Avec toi !... Plus souvent !

L'ESPÉRANCE, d'un ton mélodramatique.

Eustache, tu es implacable !

LE DESTIN.

Sois gentil, Eustache, je te prendrai comme sténographe !... et plus tard, je te céderai mon fond de Destin !

PROMÉTHÉE.

Qu'en dis-tu, hein?... C'est gentil, ça?

MINERVE.

Il est ravi!... Allons, va t'habiller!

EUSTACHE, furieux à l'Espérance.

Eh bien, puisqu'on me force à t'épouser, je me vengerai sur toi ! (Il lève la main.)

LE DESTIN.

Là! qu'est-ce que je disais!

L'ESPÉRANCE, hurlant.

Mon père, il veut me battre!

MINERVE.

Déjà!

PROMÉTHÉE.

Attends au moins que tu sois marié!

MINERVE.

En voilà assez! Vous l'épouserez... je vous l'ordonne!

LE DESTIN, à l'Espérance.

Et toi, mon lapin, calme-toi, et va te recueillir avec tes jeunes compagnes!

L'ESPÉRANCE, sanglotant.

Oui, venez, mesdemoiselles!... Amélie, ne me quitte pas!

(Reprise du chœur.)

Pleur' pas, ma fille! etc.

(L'Espérance se jette dans les bras de son père, Eustache lui donne un soufflet, c'est le Destin qui le reçoit, — On sort.)

SCÈNE V

LE DESTIN, MINERVE, PROMÉTHÉE, AZURIN, puis VULCAIN, VÉNUS, DIEUX et DÉESSES.

LE DESTIN, se tâtant la joue.

C'est bien cela! Ce soufflet était destiné à ma fille, et c'est moi qui le reçois! mais, on aura beau faire, l'homme épousera l'Espérance!... c'est écrit!...

ÉPIMÉTHÉE, au fond.

Ah!

PROMÉTHÉE.

Quoi?... (Regardant.) Ciel !

MINERVE.

Eh bien, après?

LE DESTIN, regardant avec sa longue-vue.

Ce sont les Dieux et les Déesses qui viennent de notre côté!

MINERVE.

Ils ont l'air tout bouleversés!... Que se passe-il donc? (Entrée très-agitée des dieux et des déesses.)

MORCEAU D'ENSEMBLE (1).

TOUS, venant à Minerve.

Quelque chose ici-bas,
Et que tu ne sais pas,

---

(1) Ce morceau d'ensemble est supprimé à la représentation; on le remplace par la scène suivante :

(Vulcain et Vénus entrent seuls.)

MINERVE. — Eh bien! chers collègues, vous êtes tout agités!

LE DESTIN. — Est-ce que les bêtises vont recommencer?

VÉNUS. — Nous étions là-haut, sur notre nuage, en train de faire de la tapisserie, mon petit mari et moi... (Elle embrasse son mari.)

MINERVE. — S'aiment-ils assez, maintenant!...

LE DESTIN. — Ça se comprend, Mars est en congé.

VÉNUS, continuant. — Lorsque nous avons remarqué un certain mouvement sur terre...

VULCAIN. — Oui : les oiseaux, qui ne bougeaient plus depuis l'exil de Pandore, se réveillaient... battaient des ailes, voltigeaient...

VÉNUS. — Et follichonnaient!...

LE DESTIN. — C'est impossible!

VÉNUS. — Nous avons vu tout à coup les Satyres et les Titans danser... puis se disputer... puis se battre.

VULCAIN. — Nous avons même vu des mortels qui avaient l'air un peu... (Geste de boire.)

VÉNUS. — Comme du temps de Pandore!

PROMÉTHÉE. — En effet!... Entendez-vous là-bas, dans les bois, ces murmures et ces gazouillements? ..

MINERVE. — Et là, dans ce marais, les grenouilles qui causent...

LE DESTIN, prêtant l'oreille. — Elles appellent Pandore.

MINERVE. — Les grenouilles qui demandent une reine!

PROMÉTHÉE. — Si on se remet à parler politique dans le marais!...

MINERVE. — Il y a de la Pandore là-dessous!

(La fin de la pièce telle quelle.)

Se passe !...
De grâce !
Ecoute sans effort
Ici notre rapport,
De grâce !   *Bis.*

MINERVE.

Parlez, dieux si courtois...

TOUS, parlant ensemble avec volubilité.

Eh bien, figure-toi, Minerve...

MINERVE, se bouchant les oreilles.

Mais pas tous à la fois !...

CHŒUR.

Pas tous à la fois,
Tous à la fois !   *Bis.*

DIANE , s'avançant.

Dans la forêt,
Dans la broussaille,
Tout sommeillait,
Lapin et caille !
Et voilà
Qu'en passant par là,
J'ai vu la caille voleter
Et j'ai vu le lapin sauter !

TOUS, effrayés.

Ah ! ah ! ah !
La caill' voleter !...
Le lapin sauter !

VÉNUS.

Depuis qu'ailleurs
Est la Pandore,
Amours et fleurs
N'osaient éclore,
Et voilà
Qu'en passant par là,
J'ai vu la rose qui poussait,
Une nymphe qu'on embrassa t !

TOUS.

Ah ! ah ! ah !
La rose poussait,
Et l'on s'embrassait !!!

MINERVE, furieuse (parlé).

C'est révoltant !

PROMÉTHÉE, la calmant.

Ne vous surexitez pas, déesse.

JUNON, venant à Minerve.

Loin de leurs nids,
L'orgueil, l'envie
Etaient partis
De compagnie,
Mais voilà
Qu'en passant par là,
J'ai vu le coq et le chevreuil
Se pavaner avec orgueil !

TOUS.

Ah ! ah ! ah !
Le coq, le chevreuil,
Tout bouffis d'orgueil !

(Mars s'avance.)

MINERVE (parlé).

Toi aussi, Mars, tu as vu !

MARS, chantant.

De tous pays,
Rixes, querelles
S'etaient enfuis
A tire-d'ailes.
Mais voilà
Qu'en flânant par là,
J'ai vu deux Titans qui boxaient,
Deux Satyres qui se cognaient !

TOUS.

Ah ! ah ! ah !
Des Titans boxaient,
D'autres se cognaient !

MINERVE, prêtant l'oreille.

Ils ont raison, je crois,
Car là-bas, dans le bois,
C'est l'oiseau qui gazouille...

PROMÉTHÉE.

Moi, j'entends tout auprès,
Dans l'eau de ce marais,
Jacasser la grenouille.

CHŒUR.

Quelque chose ici-bas
Que l'on ne comprend pas
Se passe !...
De grâce,
Dites, qu'en pensez-vous?...
Déesse, éclairez-nous,
De grâce !   *Bis.*

MINERVE (parlé).

Il y a de la Pandore là-dessous !

LE DESTIN.

Impossible ! J'ai décidé qu'elle ne sortirait jamais de sa boîte !

VÉNUS, haussant les épaules.

Ah ! vous avez écrit ça, vous, gros malin !

VULCAIN.

En ce cas, elle doit être filée à cette heure !

PROMÉTHÉE.

Assurément !...

LE DESTIN.

Alors !... c'est qu'elle aura soudoyé son gardien !...

PROMÉTHÉE.

Parbleu ! Elle aura payé à boire au dragon des Hespérides !...
Et, dame, le dragon des Hespérides... en voilà un qui... (Il fait le
geste de boire.)

MINERVE.

Il ne faut pas qu'elle revoie Eustache !

VÉNUS.

Non ! mais que faire ?

TOUS.

Oui ! oui ! que faire ?

MINERVE.

Il faut aller chacun de notre côté, pour voir si elle n'est pas
échappée ! (Au Destin.) Toi, au Nord... (A Vénus et à Vulcain.) Vous, au
Levant, et moi, au Couchant !

PROMÉTHÉE.

Eh bien ! et moi ?

MINERVE.

Toi, reste en faction ici, mon beau Titan... et si elle vient ..
(lui donnant sa lance.) Tu comprends?

PROMÉTHÉE.

J'ai compris !

(Sortie générale sur la reprise du chœur.)

SCÈNE VI

PROMÉTHÉE, seul, puis JUPITER.

PROMÉTHÉE.

L'univers est réellement en ébullition! Je ne sais pas ce qu'ils ont tous, ma parole d'honneur! (Ritournelle de l'air suivant). Qu'est-ce que c'est encore que ça?... Ah! bon! c'est Jupiter!... Il court, comme d'habitude, après son hanneton!... Est-il assez idiot et gâteux, ce pauvre Jupin, depuis l'exil de Pandore!...

(Jupiter entre, poursuivant un gros hanneton, qui voltige devant lui et lui échappe toujours.)

JUPITER.

AIR.

Grâce! grâce!   *Bis.*
Maudit hanneton!
Epargne-moi donc!
Tu m'emportes dans l'espace.
Grâce! grâce!
Hanneton!

Depuis que dans sa boîte est ma Pandore,
Pour me punir de l'avoir mise au fond,
Je la revois et la revois encore
Sous le profil de ce gros hanneton!...

PROMÉHÉE, lui serrant la main (Parlé). Pauvre vieux!

JUPITER, lui prenant le bras.

Sur mon nuage, en silence
Innocemment je lunchais,
Quand mon hanneton s'élance
Du pâté que j'entamais!...

(Bourdonnement du hanneton. Jupiter lâche le bras de Prométhée, court après l'insecte et veu le prendre avec son filet, Prométhée essaye de l'attraper avec sa lance.)

J'avais un fort mal de tête,
Vlan!... d'un bon coup de marteau,
Je l'entr'ouvre!... et cette bête
S'échappe de mon cerveau!
Bien qu'à présent peu jalouse,
Junon tient fort, entre nous,
A bien être mon épouse,
Puisque je suis son époux!

PROMÉTHÉE (parlé).

Dame! cette femme, ça se conçoit.

JUPITER.

J'ai donc maintenant pour elle
Les soins que je dois avoir,
Et près de ma tourterelle
Je roucoulais l'autre soir...
Légalement je m'apprête
A l'embrasser... Allons, bon !...
Au bon moment, je m'arrête..
C'est encor mon hanneton !
Grâce ! grâce !

ENSEMBLE.

Grâce ! grâce ! etc.

(Le hanneton disparaît.)

PROMÉTHÉE.

Le voilà filé !... ce n'est pas malheureux !

JUPITER.

Ah ! pour un dieu fatigué !... je suis un dieu fatigué !...

(Il tombe accablé sur un tertre à gauche.)

PROMÉTHÉE.

Il y a de quoi !

JUPITER.

Pourquoi suis-je ainsi, Prométhée?...

PROMÉTHÉE, s'asseyant près de lui et manquant de le faire tomber.

C'te bêtise !... Parce que vous êtes comme nous autres... Que vous n'avez plus de vices, plus de passions !

JUPITER.

C'est vrai ! Tout ça est retourné dans la boîte avec Pandore !... Maintenant, je m'occupe des affaires de l'Olympe !...

PROMÉTHÉE.

Vous comptez le linge ?

JUPITER.

J'aime ma petite femme !... Enfin, je suis un dieu honnête !... (flairant). Ah ça ! mais, qu'est-ce que j'éprouve donc?... De suaves parfums me montent à la tête !... Est-ce que tu ne sens pas, toi ?...

PROMÉTHÉE.

Je ne sens rien du tout, moi !

JUPITER.

Est-ce que Pandore aurait passé par ici ?

PROMÉTHÉE.

Pour ce qui est de ça, je puis vous répondre que non... J'étais de planton ici, et...

(Jupiter agite son parapluie formé de foudres. On entend gronder sourdement le tonnerre.)

JUPITER, stupéfié:

Ah ! mon Dieu !

PROMÉTHÉE.

Qu'est-ce qui vous prend ?

JUPITER.

C'est bien étrange !... il me semble que je tonne !... faiblement... mais je tonne !... J'ai tonné !

PROMÉTHÉE.

Vous m'étonnez !

JUPITER, s'animant peu à peu.

On dirait que je renais !... que je me réveille !... Prométhée, la femme est sortie de sa boîte... Il faut que je la retrouve.

PROMÉTHÉE.

Mais puisque je vous dis...

JUPITER, agitant son parapluie.

Fais-moi place ! (Tonnerre prolongé.)

PROMÉTHÉE.

Mais ne tonnez donc pas comme ça !... Vous n'êtes plus Jupiter tonnant, vous êtes Jupiter tannant !

JUPITER.

Si je tonne, tonne, tonne,
Comme au temps bruyant
Où régnait Pan Pan,
Cela vous étonne, tonne,
Quand tonne Jupin
Qu'on croyait crétin !

(Il sort au milieu des éclats de la foudre.)

SCÈNE VII

PROMÉTHÉE, seul.

PROMÉTHÉE.

Est-il assez bête !... de se figurer que Pandore !... Ah ça ! mais, qu'est-ce que j'ai donc, moi aussi ? Qu'est-ce qui m'asticote comme ça ? O lance de la sagesse, protége-moi !

(A ce moment, on aperçoit les moulins du fond qui se mettent à tourner, comme au deuxième acte, et les aiguilles des cadrans qui marchent avec rapidité. Puis à droite, à gauche, partout, on entend une sonnerie d'horloges et de pendules.) Ah ! ça voyons, ai-je la berlue ?... Les oreilles me tintent-elles !... mais non !... non !... je ne me trompe pas !... les moulins font tic tac comme au temps de Pandore !... les horloges se réveillent et les coucous endormis se remettent à jaboter !

AIR.

Quel bruit ! quel bruit !
Tout frémit !
Tout revit !

I

La terre frissonne...
Partout l'heure sonne....
De nouveau résonne
La voix des cadrans vermoulus,
Des coucous qui ne chantaient plus !...

(Écoutant le carillon.)

Quel bruit !...
Tout frémit !
Tout revit !

II

L'amour bat des ailes...
Les femmes fidèles,
Les maris modèles,
Transformés, changés tout d'un coup,
Comme les cadrans font coucou !
Quel bruit ! quel bruit !
Tout frémit !
Tout revit !

(Pendant le refrain, les branchages qui ferment le bosquet de droite se sont doucemen écartés e
l'on aperçoit à travers la tête rieuse de Pandore.)

SCÈNE VIII

PANDORE, PROMÉTHÉE.

PANDORE, dans le bosquet.

Bonjour, Prométhée !

PROMÉTHÉE, stupéfié.

Pandore !...

PANDORE, riant, et quittant le bosquet,

Elle-même !

PROMÉTHÉE.

J'en suis fâché, mais j'ai une consigne... on va te recoffrer !...
(Appelant.) Holà ! eh ! vous autres !...

PANDORE, lui fermant la bouche.

Veux-tu te taire, nigaud !...

PROMÉTHÉE.

Mais enfin, comment se fait-il que... Le dragon des Hespérides t'a donc laissé filer de ta boîte !...

                                    LA BOITE DE PANDORE.

PANDORE.

Ah ! laisse-moi te dire
Comment, un beau matin,
Pandore a pu se rire
Des décrets du Destin !...
Quand s'endormit mon gardien,
Moi frivole,
De ma prison tout soudain
Je m'envole !...
Sombres rochers et grands monts
J'escalade !...
A travers prés et vallons
Je gambade !...
Et voilà comme,
Afin de revoir l'homme,
J'ai fui ces lieux où l'on me croit encor !...
Des Hespérides,
Rochers sombres, arides
En m'envolant, j'ai pris les pommes d'or !
(Elle montre à Prométhée un rameau tout chargé de pommes d'or.)
(Prométhée fait un mouvement vers le fond. Elle le retient en le suppliant.)
N'appelle pas ces faux dieux
Que j'abhorre !...
Et rends à l'homme amoureux
Sa Pandore,
Pour qu'en ce jour
La terre ranimée
Dise, charmée,
La chanson de l'amour !
Oui, voilà comme
Afin de revoir l'homme,
J'ai fui ce lieu d'exil où l'on me croit encor !...
Jardin des Hespérides,
A tes arbres perfides,
En m'envolant, j'ai pris les pommes d'or !
ENSEMBLE.

PANDORE.

Ah ! ah ! ah !
Ah ! ah ! ah !
PROMÉTHÉE, séduit par Pandore.

N'appelons pas ces dieux,
Ces faux dieux qu'elle abhorre !
Que nos beaux amoureux
Puissent s'aimer encore !...
Que la terre, en ce jour,
A sa voix ranimée,
Dise, charmée,
Le chant d'amour !...

PANDORE.

Ainsi, tu consens à me servir!...

PROMÉTHÉE.

Mais c'est une trahison que tu me demandes?

PANDORE.

Pas autre chose!

PROMÉTHÉE.

A la bonne heure!... eh! allez donc! La femme a à peine reparu, que les vices remontrent le bout de leur nez!... l'amour. l'astuce, la tromperie... Ah! c'est égal, quand Minerve va savoir ça, ça va être drôle!

(Eustache a paru au fond. Il aperçoit Pandore, court à elle et la saisit entre ses bras.)

SCÈNE IX

LES MÊMES, EUSTACHE, puis L'ESPÉRANCE, MINERVE, LE DESTIN, ÉPIMÉTHÉE, les DIEUX et les DÉESSES.

PANDORE.

Eustache!

EUSTACHE, couvrant ses mains de baisers.

Ma Pandore!... ah! mon cœur me le disait bien que tu étais ici!

PROMÉTHÉE, très-inquiet.

Eustache! mon garçon, je t'en supplie... ne crie pas si fort.. tu vas attirer ta maman... et elle va faire une vie.

EUSTACHE.

Oh! l'on aura beau faire à présent, on ne nous séparera plus!...

(L'Espérance a paru au fond.)

L'ESPÉRANCE, s'avançant d'un air tragique.

C'est ce qui te trompe, Eustache, tu es mon fiancé et, je réclame ta main!

EUSTACHE.

Ma main! la v'là! (Il lui donne un soufflet.) v'lan!

L'ESPÉRANCE, beuglant.

Papa!... au secours... à la garde!... on me bat!

LE DESTIN, accourant.

Frapper ma fille!...

L'ESPÉRANCE.

A cause de cette femme! (Elle montre Pandore.)

LE DESTIN.

Pandore!

TOUS, l'entourant d'un air menaçant.

Pandore !

MINERVE.

Ah ! nous te tenons enfin... la belle fugitive... à c'te boîte tout de suite !

TOUS.

A c'te boîte ! (Tous s'avancent pour s'emparer d'elle. Pandore en souriant leur présente le rameau des Hespérides.)

MINERVE.

Les pommes d'or des Hespérides !... ah ! c'est trop fort, elle les a toutes chipées !

FINAL.

PANDORE.

Chers dieux, venez !...
Allons, prenez
Le fruit qui scintille !...
Allons, goûtez
Et dégustez
La pomme gentille !

(Tous font un léger mouvement pour cueillir les pommes.)

MINERVE, essayant de s'y opposer.

Amis, n'y portez pas la dent,
Car un ver se cache dedans !

PANDORE, tendant ses fruits.

N'hésitez pas !...

JUNON, enivrée.

Dieux ! quel arome !

PROMÉTHÉE, qui croque une grosse pomme verte à la dérobée.

Que cette pomme
A donc d'appas !

CHŒUR des dieux, qui ont tous pris un fruit d'or.

Tant pis ! mordons
Et dévorons
Ces fruits mignons !

PANDORE.

Croque, croque, croque, croque, croque,
Croquez la pomme !   Bis.
Croque, croque, croque, croque, croque encor !
Croquez la pomme !
Il faut qu'en somme
Chacun croque, croque, croque la pomme d'or !

CHŒUR.

Croquez la pomme, etc.

(Les dieux, Prométhée, Eustache, mordent à belles dents. Ils dansent, ils sautillent.)

MINERVE, furieuse. Parlé.

Les voilà tous *empommés !*

(Rugissements lointains.)

PROMÉTHÉE, effrayé. Parlé.

Qu'est-ce que c'est que ça ?

EUSTACHE.

On dirait des rugissements de bête fauve !

MINERVE, avec joie.

C'est le dragon des Hespérides !

VULCAIN.

Diable! cachons nos pommes !

TOUS.

Cachons nos pommes !

(Tous cachent leurs pommes derrière leur dos, comme des écoliers.)

SCÈNE X

LES MÊMES, LE DRAGON.

(Il paraît au fond. Tête horrible, yeux enflammés, queue fort longue qu'il porte sur le bras.)

LE DRAGON.

C'est le dragon des Hespérides,
L'un des monstres les plus avides !
Il vient remettre le grapin
Sur la femme, et dans son jardin
La transporter,
La remporter !
Oui, c'est moi, le dragon aux yeux mornes !
Examinez mon front et mes cornes !
Mes cornes, cornes, cornes, cornes !

CHOEUR.

Ses cornes, cornes, cornes, cornes !

MINERVE.

Ce dragon
N'est pas bon,
Mais au fond,
Pristi! c'est un bien beau dragon !
Quel beau dragon !

LE DRAGON, à Pandore.

Suis-moi, Pandore !

PANDORE.

Ecoute donc !
Ma voix t'implore !

LE DRAGON.

Non ! non ! non ! non ! non ! non !

PANDORE, lui offrant une pomme.

Ce fruit mignon,
Croque-le donc !   *Bis.*
Croque, croque, croque, croque, etc.

REPRISE EN CHOEUR.

(À la fin de la reprise, le dragon s'est mis à croquer la pomme. Il semble gris et se met à danser

comme les autres.)

MINERVE, avec colère.

Un dragon ! se galvauder ainsi !

LE DRAGON, ôtant sa tête.

Eh ! il n'y a pas de dragon ici ! Il n'y a qu'un dieu plus amoureux que jamais !

TOUS.

Jupiter !

MINERVE.

Comment ! c'est vous, papa !

JUPITER.

Oui ! c'est moi papa ! qui vois que décidément la femme est la plus forte !

PANDORE, montrant Eustache.

Alors, vous nous mariez ensemble ?...

JUPITER.

Parbleu ! ce que femme veut...

ÉPIMÉTHÉE.

Eh bien ! et moi ?...

LE DESTIN.

C'est vrai, au fait ; et lui ?... Il est déjà marié avec Pandore et...

MINERVE, qui s'est mise aussi à croquer une pomme.

Eh bien ! vous décréterez le divorce !...

L'ESPÉRANCE, pleurant à chaudes larmes.

Papa, j'en ai assez de la terre... Je me retire au ciel ! Faites avancer mon nuage d'or !

(Un petit nuage doré paraît en scène. L'Espérance s'assied et prend sa lyre. Chantant.)

Je suis l'Espérance...

LE DESTIN, lui fourrant une pomme dans la bouche.

Croque et tais-toi !

REPRISE DU CHOEUR.

Croque la pomme,   *Bis.*
Croque, croque, croque encor !
Croque la pomme !
Il faut qu'en somme
Chacun croque la pomme d'or !

(Danse générale autour de l'Espérance sur son nuage.)

FIN.

2892.   Paris. Edouard BLOT et Fils aîné, imprimeurs, rue Bleue, 7.

P'tit Figaro (le), chanson type, paroles de Baumaine et Blondelet, musique de J. Javelot, chantée par Eugénie Durand.

P'tit jeune homme (le), chanson type, paroles de Baumaine et Blondelet, musique de J. Javelot, chantée par Eugénie Durand.

P'tit groom (le), chanson type, paroles de Renard et Dorfeuil, musique de J. Javelot, chantée par Eugénie Durand.

Petit verre (le), ronde, paroles de Baumaine et Blondelet, musique de Bonnard, chantée par Mandarine.

PETIT BORDEAU (le), chanson de table, **grand succès**, paroles de A. Liorat, musique de J. Javelot

Petits yeux (les), chansonnette, paroles de Georges Lefort, musique de Georges Lefort, chantée par Mme Judic.

Petits grandiront (les), chansonnette, paroles de N. Vauthier, musique de Gustave Chaillier, chantée par Chaillier.

Petites marchandes de tabac (les), paroles de Maurice Baduel, musique de A. Campisiano, chanté par Augustine Baudin.

Petit patissier (le), type parisien, paroles de Lucien Collé, musique de A. Campisiano, chanté par Gauthier et Suzanne.

Petit Pierre, ça n'est pas bien, paysannerie, paroles de Georges Lefort, musique de Georges Lefort, chantée par Mme Judic.

Perle de Séville (la), boléro, paroles de F. Sanzel, musique de Émile André, chanté par Marie Bose.

Philosophie (la), chansonnette, paroles de L. Boullon, musique de Marc Joly, chantée par Antoinette.

Pichu l'Algérien, chansonnette militaire, paroles de Francis Tourte, musique de A. Marquerie, chantée par Levassor.

Pigoche, sortie de classe, paroles de Baumaine et Blondelet, musique de F. Barbier, chantée par Flaire.

Pincez-moi ça, chansonnette satirique, paroles de N. Vauthier, musique de Gustave Chaillier, chantée par Chaillier.

Place à louer, chansonnette à parlé, paroles de A. Isch Wall, musique de Robert Planquette, chantée par J. Perrin

Place aux femmes, chansonnette, paroles de Francis Tourte, musique de Gustave Chaillier, chantée par Chaillier.

Plainte d'amour, romance, paroles de A. Barbarroux, musique de Ch. Jacotot.

Plaisirs du dimanche (les), chansonnette, paroles de J. Perrin, musique de J. Perrin, chantée par J. Perrin.

Plus court chemin (le), chanson, paroles de Baumaine et Blondelet, chantée par Vialla.

PLUS DE FRONTIÈRE, **grand succès**, paroles de A. Isch Wall, musique de Robert Planquette, chanté par Vialla et Bordas.

Point d'honneur (le), récit dramatique, paroles de Lagardère, musique de J. Darcier, chantée par Vialla.

Pourquoi le crier sur les toits, chansonnette, paroles du Dr Ch. Laronde, musique de P. Blaquière.

Pourquoi pas, chansonnette, paroles de A. Isch Wall, musique de Ch. Pourny, chantée par Mme Judic.

Prométhée, scène bouffe, paroles de P. Mérigot, musique de A. de Villebichot.

Promise à Jean (la), chanson de matelots, paroles de Lionel de Chebrillant, musique de A. Laurent, chantée par Péron.

3009 — Paris. Impr. Ed. BLOT et Fils aîné, rue Bleue, 7